Stadtstruktur: Stabilität und Wandel

Beiträge zur
stadtmorphologischen
Diskussion

ISBN 3 555 00819 6

1989
Deutscher Gemeindeverlag und Verlag W. Kohlhammer GmbH
Verlagsort: 5000 Köln 40, Postfach 40 02 63
Gesamtherstellung: Druckerei List, Aachen
Nachdruck, auch auszugsweise, verboten – Alle Rechte vorbehalten
Recht zur fotomechanischen Wiedergabe nur mit Genehmigung der Herausgeber
Buch-Nr.: G 0/218

Das Copyright liegt beim Herausgeber
Bestellungen an den Verlag
Anfragen an den Lehrstuhl für Städtebau und Landesplanung,
Schinkelstr. 1, 5100 Aachen

Schriftenreihe
Politik und Planung

Band 22

G. Curdes, A. Haase, J. Rodriguez-Lores

Stadtstruktur:
Stabilität und Wandel

Beiträge zur
stadtmorphologischen
Diskussion

Deutscher Gemeindeverlag
Verlag W. Kohlhammer

Herausgeber der Schriftenreihe:

Univ. Prof. Gerhard Curdes
Lehrstuhl und Institut für Städtebau und Landesplanung

Univ. Prof. Dr. Gerhard Fehl
Lehrstuhl für Planungstheorie

Rheinisch-Westfälische Technische Hochschule Aachen

STADTSTRUKTUR- STABILITÄT UND WANDEL

VORWORT 1

EINLEITUNG 3
Prof. G. Curdes, Lehrstuhl für Städtebau und Landesplanung, RWTH Aachen

I. STADTMORPHOLOGIE: STRATEGIEN ZUR ERHAL- 15
TUNG ODER WIEDERHERSTELLUNG HOMOGENER
STADTSTRUKTUREN
Prof. G. Curdes, Lehrstuhl für Städtebau und Landesplanung, RWTH Aachen

II. PHÄNOMENE STÄDTISCHER VERÄNDERUNGSPRO- 25
ZESSE - ZUR RELEVANZ DER STADTANALYSE FÜR
AKTUELLE FRAGEN DER STADTENTWICKLUNG
Dipl.-Ing. A. Haase, Lehrstuhl für Städtebau und Landesplanung, RWTH Aachen

III. MORPHOLOGISCHE BRÜCHE IN DER DUISBURGER 57
STADTSTRUKTUR
Dipl.-Ing. H. Edler, Amt für kommunale Entwicklungsplanung der Stadt Duisburg

IV. DER STÄDTEBAULICHE BRUCH ALS KONTINUITÄT 85
Dr.-Ing. J. Forßmann, Stadtentwicklungsamt der Stadt Köln

V. BEGRIFFLICHKEIT UND METHODEN DER STADT- 93
ANALYSE - REICHWEITE DER DISZIPLIN STÄDTE-
BAU ZUR ERFASSUNG UND BEWERTUNG STRUKTU-
RELLER GEGEBENHEITEN VON STADTENTWICK-
LUNG
Dr. phil. J. Rodriguez-Lores, Lehrstuhl für Planungstheorie, RWTH Aachen

VI. ZUM STADTMORPHOLOGISCHEN ANSATZ DER 143
"ITALIENISCHEN SCHULE"
Prof. G. Curdes, Lehrstuhl für Städtebau und Landesplanung, RWTH Aachen

QUELLENVERZEICHNIS DER ABBILDUNGEN 149

Vorwort

Eines der Ziele der "Moderne" war, ortsunabhängig gültige und verallgemeinerbare Lösungen für Wohn- und Städtebau zu schaffen. Aber was sie schuf, waren abstrakte und häufig unfunktionelle Wohn- und Stadträume. In ihnen verarmte das städtische Leben, das traditionelle Eigenschaften - Umittelbarkeit der Kommunikationsformen, Vielfalt und enger räumlicher Bezogenheit von Nutzungen und Funktionen, soziale Mischung - beraubt wurde. Das Wohnen verlor den Bezug zum äußeren Raum und isolierte sich mehr von der Stadt. Die "Moderne", ursprünglich vor allem wegen ästhischer Erneuerungen, die das traditionelle Schönheitsempfinden vor den Kopf gestoßen hatten, diffamiert, geriet schließlich in eine Prinzipienkrise, als klar wurde, daß sie eine große Mitschuld an der Zerstörung - oder milde ausgedrückt: "Auflösung" - der Stadt trug. Diese Krise konnte die "Moderne" nicht mehr aus eigenen Kräften überwinden. Die ihr folgende "Postmoderne" war nicht die Lösung der Krise, sondern ihre Karikatur.
In dieser Situation wurde die Auseinandersetzung mit den baulich-räumlichen Strukturen der Stadt und ihren eigentümlichen Gesetzlichkeiten - mit der "Stadtmorphologie" - wieder aktuell und notwendig. Aber der Blick konnte sich nur den alten, noch vorhandenen Strukturen zuwenden. Denn sie allein gaben Maßstäbe, prägten ein wieder erkennbares Gesicht von Stadt und vor allem versprachen Wiedergewinnung jener Eigenschaften des städtischen Lebens, die in den neueren Räumen der "Moderne" verloren gegangen waren. Die Auseinandersetzung begann in Italien bereits in den 60er Jahren und erreichte ihren ersten Höhepunkt internationaler Anerkennung Mitte der 70er Jahre. Aber gerade auf diesem Höhepunkt stieß sie auch auf ihre materiellen Grenzen, und zwar nicht so sehr bei der Überwindung bereits gescheiterter Planungsideen der "Moderne" und es Wachstumsgedankens, sondern vielmehr bei der Ausschaltung gegenläufiger ökonomischer Kräfte, die die Stadt in ihrem Sinne verwerteten und verwalteten. Was danach gekommen ist, ist die Verwissenschaftlichung der ursprünglichen Auseinandersetzung. Sie hat im Bereich der Stadterhaltung viel technisches Wissen hervorgebracht; sie hat vor allem wertvolle Geschichtskenntnisse zusammengetragen und das geschichtliche Erbe zu schätzen gelehrt. Und so haben sich neue Einschätzungen für Altbestände der Stadt und ganzer Perioden des Städtebaus ergeben. So wird z.B. die Blockbauweise des 19.Jahrhunderts und das Stadtkonzept zu jener Zeit, welches noch Großstadt im Sinne hatte, positiver gesehen als noch vor 20 Jahren.

Aber die materiellen Barrieren für die richtige Umsetzung des neuen Wissens in der Wiederherstellung der bewohnbaren Stadt sind damit noch nicht beseitigt worden. Noch kürzlich schien es, als ob wir vor einer Phase stünden, die der Kontinuität der Stadtgestaltung als Träger städtischen Lebens vermehrt Bedeutung geben würde: Ein Planungs- und Denkansatz also, der von den historisch gewachsenen Stadtstukturen und von der Untersuchung der Stadtmorphologie anstatt von kurzfristig wechselnden Moden ausgeht und auf den ersten Blick als strukturkonservierend und als traditionalistisch mißverstanden werden könnte, im Kern aber nach den ursprünglichen Absichten die Dynamisierung überlieferter Strukturen sucht und damit kulturelle und neue soziale Werte verfolgt. Inzwischen wird dieser Planungsansatz von zwei sich ergänzenden Phänomenen bedroht: von seiner Vereinnahmung für Zwecke der Kommerzialisierung der Stadt und der Neuverwertung alter Strukturen auf höchster Stufenleiter, und von einer planerischen Gegenposition, die gerade den Ausbruch aus dem städtischen Kontext, den formalen Widerspruch, die Opposition zur Umgebung vertritt und damit zeigt, daß die "Moderne" in den letzten Ablegern der "Postmoderne" weiterlebt.

In Wettbewerbsbeiträgen und in studentischen Entwürfen treten solche Positionen gehäuft auf: Die Stadt als Collage, der Bruch als bewußte Distanzierung oder scheinbare Progressivität als Bresche für Investoren? Ist diese Position nicht eine Kapitulation vor rücksichtslosen Eingriffen, eine Verklärung des Ausbruchs aus der Sprache der Umgebung und damit wieder eines jener architektonischen Mißverständnisse von Stadt, die anstatt in den Kategorien von Strukturen und Geweben in denen von Gebäuden und Formen denken?

Damit stehen sich Positionen im Umgang mit dem Stadtkörper gegenüber, die folgenreich für das künftige Gesicht der Städte sind. Sie sind keineswegs ausdiskutiert und es lohnt, sich näher damit zu beschäftigen. Dieser Band ist ein Versuch der eigenen Standortbestimmung in dieser Frage.

Die Verfasser

EINLEITUNG

1. GESELLSCHAFTSENTWICKLUNG UND STÄDTEBAU

Die gesellschaftliche Entwicklung vollzieht sich durch viele Bewegungen, die miteinander verknüpft sind und, aus sich heraus, Struktur und Bewußtsein eines Zeitabschnittes hervorbringen. Dabei nutzt jede Zeit den Vorrat von materiellen und immateriellen Gütern, die ihr frühere Gesellschaften hinterließen, in spezifischer Weise. Manche Zeiten pflegen das Erbe bewußt und entwickeln es behutsam weiter, andere versuchen eine davon weitgehend losgelöste Neugestaltung. Kontinuität, Wandel und Brüche der Entwicklung sind Phänomene jeder längerfristigen Gesellschaftsentwicklung. Einerseits bestimmen technologische Neuerungen, Fortschritte in der Produktionstechnik, Gestaltung der Produktions- und Besitzverhältnisse oder gesellschaftlicher Reichtum oder Armut die Felder und Dimensionen der Veränderung, andererseits ist das Bewußtsein, der geistige Entwicklungsstand einer Zeit dafür verantwortlich, in welcher Weise und Maßstäblichkeit Neues und Altes miteinander verbunden werden. Der Rückblick in die Geschichte zeigt, daß ein hoher kultureller Stand sowohl in materiell reichen wie auch in materiell armen Phasen auftritt, sowohl in ruhigen Zeiten wie in Zeiten großer Umbrüche. Es kommt also offenbar mehr auf die Befindlichkeit einer Gesellschaft als auf ihre Wohlstandsverhältnisse an, welchen Aufgaben sie welche Bedeutung zumißt. Dies kann man z.B. deutlich in der Behandlung des baulichen kulturellen Erbes erkennen. Während kulturell bewußte Kräfte in Polen nach 1945 trotz ökonomisch ungünstiger Umstände durchsetzten, daß viele historisch bedeutsame Stadtkerne, auch in den zuvor deutschen Gebieten, als Kulturgüter der europäischen Geschichte bewahrt und rekonstruiert wurden, hat sich in der Bundesrepublik, bis auf die Ausnahme weniger Städte und einiger historischer Inseln, durch eine hohe Bewertung alles Neuen und eine geringe Bewertung des Überkommenen, eine hohe Bereitschaft zur Veränderung in Verkennung oder Geringschätzung des historischen Erbes entwickelt. Im Städtebau drückt sich daher materialisiert ein guter Teil der gesellschaftlichen Befindlichkeit einer Zeit aus. Der Städtebau ist sehr viel enger als andere Disziplinen an die gesellschaftlichen Kräfte angebunden, die die Strömungen einer Zeit repräsentieren. Im Ergebnis ist daher ablesbar, was einer Periode wirklich wichtig war.

2. DIE FRAGMENTIERUNG DER STADT- UND DORF- STRUKTUREN

Jede Zeit hat ihre eigenen Prioritäten. Zeitliche Perioden werden für uns oft erst begreifbar durch bestimmte Aufgaben, die eine Zeit vor allen anderen zu lösen hatte. Diese Aufgaben verleihen Perioden eine begreifbare Struktur, auch wenn diese Aufgaben immer nur ein Teil der komplexen Wirklichkeit waren und die Einteilung nach solchen Aufgaben nie ganz zutreffend ist. Dennoch wollen wir auch hier zur Verdeutlichung begreifbarer Zeitabschnitte solche Einteilungen zugrunde legen.

Nach 1945 standen in der Bundesrepublik zunächst die Aufgaben des Wieder-in-Funktion-Setzens zerstörter Infrastrukturen, Wohnungsbestände, Gebäude und Fabrikationsanlagen im Vordergrund. Bereits in den ersten 5 bis 10 Jahren nach dem Kriege wurden aber zugleich Weichen für grundlegende Korrekturen in den Stadtgrundrissen gestellt. Dafür waren nicht zuletzt jene, im großmaßstäblichen Denken und in der Planung von Durchbrüchen geübter Mitarbeiter des Planungsstabes Speer mitverantwortlich, die sich noch während des Krieges auf die Aufgaben des Wiederaufbaues mit dem Ziel des Stadtumbaues (Nutzung der Zerstörungen als Chance) vorbereitet hatten[1]. Die Phase des "Wiederaufbaues" wurde bald überlagert durch eine zunächst bescheidene und in den 60er Jahren sich bis zu Anfang der 70er Jahre steigernde Volumen- und Flächenexpansion. In dieser Zeit wurden, im Glauben an die Überlegenheit neuer räumlicher Ordnungssysteme (fließender Raum, freiplastische Gruppierungsformen, vertikaler Städtebau) und neuerer Bauformen (Zeilen, Hochhäuser, Terrassenhäuser, freiplastisch geformte solitäre Baukörper), Strukturen entwickelt bzw. weiterentwickelt, die die Verknüpfung mit der traditionellen geschlossenen Bauweise nicht mehr suchten, ja, die sich z.T. bewußt räumlich isolierten. Durch den Umbau der Städte für den Individualverkehr und durch große Flächensanierungen, durch die Genehmigung formal nicht integrierter Einzelbauten wurden noch vorhandene bauliche Zusammenhänge vieler Städte (und später vieler Dörfer und Vororte) in ihrer Textur zersplittert. Alte standen neben neuen Ordnungssystemen ohne jeden Zusammenhang. Infrastrukturgebäude verselbständigten sich sowohl in den Größen als auch in den baulichen Formen und in den Standorten. Die neuen Schulzentren z.B. waren baulich kaum noch integrierbar. Sie, und andere Infrastrukturgebäude, sprengten den bisherigen Maßstab des baulichen Zusammenhangs und trugen erheblich zur Fragmentierung der Städte und des Stadtrandes bei. In einigen Städten ging dieser Prozeß soweit, daß sich in den

Kernen und in den kernnahen Randzonen nur noch Fragmente unterschiedlicher Nutzungs- und Bebauungssysteme gegenüberstanden[2]. Legitimierten sich zu Beginn dieses Prozesses Zerstörungen noch intakter homogener Gebiete durch die mit den neuen Formen verbundene Botschaft einer gesunden Stadt und einer moderneren, humaneren Zukunft, mit der manche frühen Zweifel und Widerstände zunächst entkräftet wurden, war spätestens Mitte der 70er Jahre klar geworden, daß die negativen Folgen für den funktionalen und städtebaulichen Zusammenhang unerwartet groß waren, und daß die Gebäude selbst oft nicht das hielten, was an Funktionalität, Gesundheit, Nutzbarkeit oder Bewohnbarkeit usw. vorher unterstellt worden war. Es ist hier nicht der Ort, den Ursachen im einzelnen nachzugehen. Neben spekulativen, nur an der Erhöhung von Bodenrenditen orientierten Investitionen war eine Ursache jedenfalls die eingangs erwähnte gesellschaftliche Bewußtseinslage. Die Geringschätzung, die mehrere Generationen von Historikern, Politikern, Architekten und Planern den baulichen Beständen, vor allem des neunzehnten Jahrhunderts entgegen brachten, führte zu jener Überbewertung einiger durchaus positiver Neuerungen in Architektur, Baukonstruktion und Städtebau, die damit die Legitimation zur weiteren kriegsunabhängigen Beseitigung der Altbestände schufen. Eine diese Einstellung wesentlich verstärkende Bewegung entstand aus dem veränderten Leitbild von einer modernen, gesunden und paradoxerweise auch verkehrsgerechten Stadt, entstand aus dem Gartenstadtkonzept, aus welchem schließlich das Konzept der "Gegliederten und aufgelockerten Stadt" hervorging, welches auch heute noch oft einen Leitbildcharakter hat. Sehr schnell wurden aber gerade in Europa, wo die Qualitäten der geschlossenen und gemischten Bauweise noch präsent waren, die Mängel dieses Leitbildes erkannt. Fließender Raum, offene Bauweisen, Funktionstrennungen schienen genau das zu zerstören, was von jeher Kern von Urbanität gewesen war: das Beziehungsnetz gemischter Nutzungen und nutzungsoffener Baustrukturen, das engmaschige und hochsensible Netz zwischen Nutzungen und deren Ergänzungsfunktionen. Seit Anfang der 70er Jahre erfolgte daher eine nahezu stillschweigende Rehabilitation der geschlossenen Bauweise, des Baublocks und der Nutzungsmischung.
Heute stehen wir in der Bundesrepublik vor einer Situation, wo anstelle des Neubaues die Pflege und Ergänzung des baulichen Bestandes in den Vordergrund tritt. An die Stelle großflächiger Ausweitungen (und der Problemverlagerung nach außen) trat spätestens seit dem sogenannten "Ölschock" 1973 die durch Änderungen der Einkommensteuerumlage geförderte, strukturell aber schon länger notwendige Politik der "Stadtinnenentwick-

lung". Erneuerung der baulichen Altbestände, die Wiederbewohnbarmachung der Stadt, die Wiederherstellung der Maßstäblichkeit, der Gebrauchseignung öffentlicher Räume, die Korrektur von Strukturbrüchen und die Milderung von Fehlern sind, neben dem Setzen funktionaler und ästhetischer Impulse in absinkenden Bereichen, die großen derzeitig für notwendig erachteten Aufgaben für Städte, Stadtrand und Dörfer. Inwiefern auch bei dieser Rückwendung von der Außen- zur Innenstadt, von suburbanen Lebens- und Wohnformen zur "Urbanitätsspekulative", an einer erneuten Bodenwertung orientierte Investitionen wieder eine leitende Funktion ausüben, kann hier nur als offene Frage angemerkt werden.

Dieses in der Entwicklung der Städte schon lange angelegte Aufgabenfeld trifft, so merkwürdig dies klingt, wiederum auf so etwas wie ein Defizit an Grundlagen und auf eine Bewußtseinslücke: Es fehlen, so meine These, das gesamte Gemeindegebiet umfassende Bewertungen der Qualitäten und Mängel der baulich-räumlichen Struktur und des Nutzungszusammenhanges. Zwar haben viele Gemeinden über städtebauliche Rahmenpläne für Teilbereiche solche Aussagen erarbeitet. Mit der Konzentration auf Teilräume gerieten aber die zur Zeit nicht dringlichen Bereiche und die großmaßstäblichen Gestalt- und Strukturprobleme des baulichen Bestandes aus dem Blick. Die knappe Personal- und Finanzdecke verleitet geradezu zu einer Verstärkung der ad hoc Elemente von Entscheidungsmechanismen, obwohl gerade die wohlüberlegte Weiterentwicklung des Bau- und Nutzungsgefüges gute Grundlagen, Geduld und eine lange Vorlaufzeit erfordern. In diesem Zusammenhang bekommt daher eine Betrachtungsweise von Stadt einen wichtigen Stellenwert, die seit den 20er Jahren in den Hintergrund trat: Die Auseinandersetzung mit der physischen Struktur als eigenständiger Analyse- und Planungskategorie.

3. STADTMORPHOLOGIE ALS NEUE FORSCHUNGSAUFGABE

Den Gegenstand dieser Betrachtungsweise wollen wir als "morphologische Struktur der Stadt" oder kurz "Stadtmorphologie" bezeichnen. Die morphologische Struktur (von Städten, Siedlungen, Dörfern, Industriegebieten) definiert sich durch die Anordnungsweise von Baukörpern, Zwischenräumen und Erschließungselementen, zunächst also durch physische Strukturen. Die physischen Strukturen sind aber nichts anderes als die Hülle (oder Voraussetzungen) von Nutzungen. Über die physischen Strukturen und

deren nutzungsspezifische Ausformung repräsentiert die Stadtmorphologie also auch Nutzungen, allerdings in einer meist nur vermittelten Form. Die morphologische Struktur bildet sich aus Wiederholungen ähnlicher Bautypen und Erschließungsmuster, was zu relativ homogenen Strukturen führt oder durch die Addition sehr unterschiedlicher Baukörper, Nutzungen und Erschließungen, was im Ergebnis zu relativ inhomogenen Strukturen führt. Die morphologische Struktur beinhaltet zunächst keine Wertung, sondern ist das raumstrukturelle Grobbild der baulichen Bestände zu einem Zeitpunkt. Kontinuierliche wie diskontinuierliche Zonen gehören daher genauso dazu wie Lücken und Brüche.
Mit der Anordnung im Raum und mit der Wahl bestimmter Erschließungsformen, Bauweisen und Bautypen sowie mit der Wahl von Maßstäben und räumlichen Nachbarschaften sind aber untrennbar Eigenschaften verbunden. Diese bestehen sowohl durch ihr geometrisches "pattern", durch ihr Volumen, ihre Höhendimension als auch durch die Nutzungsoffenheit. Eigenschaften werden ferner durch die Binnenstruktur der Gebäude gebildet, wie z. B. die Tragkraft der Decken, die leichtere oder schwerere Umnutzbarkeit der Gebäude, die Qualität der Bauausführung und der Architektur.
Historische Untersuchungen zeigen, daß die Elemente, aus denen sich die morphologische Struktur bildet, von sehr unterschiedlicher Lebensdauer sind. Sehr schnell können die Nutzungen wechseln. Sie sind das dynamische Element. Sehr viel langlebiger (50-200 Jahre) können die Gebäude sein. Die Parzelleneinteilung hat oft einen noch längeren Bestand. Und längstens bestehen die Geometrien des Erschließungsnetzes fort. Mittelalterliche Städte bilden sich z.T. noch heute in ihren Geometrien aus, auch wenn die Parzellen- und Baustruktur längst verändert sind. Noch stabiler können großräumige, lineare Verbindungselemente wie Handelsstraßen, Kanäle und Schienenwege sein. Nutzungen sind also eher dynamische und physische Strukturen, besonders aber die durch sie gebildeten Maßstäbe (Flächenanteile, Straßennetz), eher statische Elemente der Stadt. Nutzungen verändern sich mit der Veränderung von Erreichbarkeiten, mit den Formen der Organisation der Nutzungen und mit den Technologien. Sie stehen in dynamischer Konkurrenz mit anderen Standorten und anderen Nutzungsarten, während Gebäude und Anlagen eben nur das physische Gerüst, die Hülle der Nutzungen sind. Der Wechsel der Nutzungen wird auf verschiedene Weise bewältigt. Sie gehen ohne, mit geringen inneren oder äußeren Veränderungen der Gebäude, mit zusätzlichen An- und Aufbauten bis zum völligen Neubau am alten oder an einem neuen Standort vor sich.

Nutzungen können sich z.T. sehr flexibel an gegebenen baulichen Situationen anpassen, wenn die Bauten gewisse Mindestbedingungen hinsichtlich der Dimension von Räumen und der Solidität der Konstruktion erfüllen (z.B. Umwandlung von Wohngebäuden in Praxen, Büros, Geschäfte oder Umwandlung von mehrgeschossigen Fabrikations- und Lagergebäuden in Wohnungen, Galerien oder Büros). Deutlich wurde in den letzten Jahren, daß allzu stark auf eine ganz spezifische Nutzung hin optimierte Gebäude meist weniger flexibel und damit weniger langlebig sind als genereller konzipierte Strukturen. Ähnliches gilt für die nächstgrößeren Einheiten, den Block, die Gruppe, das Stadtviertel.

In einer Zeit, die lernen muß, mit den Ressourcen sparsamer umzugehen, werden daher die **Eigenschaften** der morphologischen Struktur als Maßstab für Erhaltung oder Umbau besonders wichtig. Besonders interessant für einen ressourcenschonenden Stadtumbau sind dabei Eigenschaften morphologischer Strukturen, die Nutzungsänderungen, die Bedürfnisse ganz verschiedener Bewohner- oder Nutzergenerationen über Jahrzehnte oder Jahrhunderte ohne allzugroße Veränderungen erfüllen konnten. Bei solchen Strukturen können Eigenschaften vermutet werden, die möglicherweise sehr viel aussagefähiger für die Zukunft sind als kurzfristige Entwurfsmoden in der Architekturdiskussion. Solche Eigenschaften haben sich oft in einem bestimmten Bautypus verdichtet, sie sind mit dem Typus kultiviert worden, der wiederum eine Symbiose zwischen Nutzungsbedürfnissen, Kosten und baulicher Struktur verkörpert. (z.B. das rheinische "Dreifensterhaus", der mittelalterliche und der gründerzeitliche Baublock).

Daher werden für die nächsten Jahrzehnte diese Eigenschaften von Strukturen wesentlicher werden als die ästhetische Qualität der äußeren Hülle (obwohl diese auch zu den positiven Eigenschaften gehört). Im Gegensatz zu den schlechteren Beispielen des Funktionalismus, der die abstrakte und einseitige Funktion auf Kosten der Nutzungsoffenheit bevorzugt oder der Postmoderne, die die äußere Form auf Kosten innerer Gebrauchsqualitäten bevorzugt (wie z.B. bei einer ganzen Reihe der "IBA - Flaggschiffe"), wird eine ökologische, auf Ressourcenschonung orientierte Stadtumbaupolitik, sehr viel stärker auf die erwähnten strukturellen Qualitäten achten müssen. Hierzu gehören ebenso die flexiblen Baustrukturen wie gebrauchstaugliche Zwischen- und hintere Pufferräume als Elastizitäten in der Struktur. Diese Betrachtungsweise kommt auch dem in den letzten Jahren gewachsenen Bewußtsein von der Bedeutung historischer Kontinuität entgegen, ohne zu historisieren und aktuelle funktionale Anforderungen außer Acht zu lassen.

Dies bedeutet, daß ein anderes Verständnis von städtischer und dörflicher Siedlungsstruktur zu entwickeln ist. Dieses Verständnis müßte von **Eigenschaften** der Strukturen ausgehen und neue Anforderungen durch Weiterentwicklungen in der Maßstäblichkeit der Strukturen sowie durch eine bedeutsame Korrektur von Brüchen und Fehlern zu erfüllen suchen. Als utopisches Element steckt in einem solchen Ansatz sicher das Ziel struktureller Balance als Gegengewicht zu anarchischen (oder klarer: rücksichtslosen) Prozessen der Transformation. Die Unterstellung eines simplen Harmonieideals trifft aber zu kurz. Mit der morphologischen Betrachtung verträgt sich durchaus die Transformation vorhandener Strukturen in andere, zukünftige Maßstäbe. Untersuchungen des morphologischen Wandels zeigen, daß langfristig akzeptierte Strukturen sich sowohl durch stabile als auch durch wandlungsfähige Elemente auszeichnen. Immer dann, wenn neue Maßstäbe und Ordnungssysteme tragende Elemente der umgebenden Ordnungen mit verarbeiten, dürften sich strukturelle Verträglichkeiten entwickeln lassen. Wie anregend das Eingehen auf die vorherrschende Maßstäblichkeit und Bautypologie von Umgebungen sein kann, hat Anne Vernez Moudon für einen Teil San Franciscos überzeugend nachgewiesen[3]. Die Beispiele zeigen, daß, wie so oft in der Architektur, gute Beispiele gerade durch das Akzeptieren gesetzter Grenzen entstehen. Die Kultivierung und Weiterentwicklung von Strukturen ist daher deshalb oft so erfolgreich, weil auf bewährten Elementen und Maßstäben aufgebaut werden kann.
Um nicht mißverstanden zu werden: nicht jede Umgebung lohnt ein derartiges Eingehen. Nicht jede Struktur gilt es zu erhalten, nicht alle Maßstäbe sind berücksichtigenswert. Aber bei der Tendenz eines zunehmenden Zerfalls unserer Städte in Fragmente gilt es doch, jene Strukturen zu kennzeichnen, die der Stadt noch einen Halt geben, die sich als besonders langlebig, tauglich und umnutzungsfreundlich erwiesen haben und die deshalb wichtige Haltepunkte in einer sich dynamisch verändernden Stadt sein können. Sie können daher auch Maßstäbe für künftiges Planen und Entwerfen sein, wenn man sie nicht kleinlich historistisch mißversteht. Solche Strukturen gilt es zu erkennen und in ein langfristiges Konzept der inneren Stadtentwicklung als positive Bezugspunkte einzubauen.
Dies sind aber nur die Umrisse einer Position, die noch keineswegs gesichert ist und sehr viel sorgfältiger entwickelt werden muß. Ich habe sie hier an den Anfang gestellt um die Fragestellung deutlich zu machen, von der wir bisher ausgehen.

4. ZU DIESEM BAND

Seit 1985 arbeitet das Institut für Städtebau und Landesplanung im Rahmen des internationalen Forschungsvorhabens "Innovation und Stadtentwicklung" (URBINNO) an den Fragen der Bildungs- und Transformationsprozesse der morphologischen Struktur. Vom Institut wird der deutsche Beitrag der Arbeitsgruppe 4 (Built Form, Enviroment and Land Use) bearbeitet. Zur Einarbeitung in die Diskussion, und um die Diskussion in die Architekturabteilung hineinzutragen, wurden eine Reihe von Werkstattgesprächen zu Aspekten dieser Thematik durchgeführt.

Winter 86/87: 1. Stadtstruktur und Infrastruktur (Curdes, Eller, Marg)
2. Stadtstruktur: Stabilität und Wandel (Curdes, Haase, Rodriguez-Lores, Edler, Forßmann)
Frühjahr 87: 3. Zur italienischen Schule der Stadtmorphologie (Malfroy)

Die in diesem Band vorgelegten Referate wurden bei dem zweiten Werkstattgespräch (Stadtstruktur: Stabilität und Wandel) gehalten.

Die Werkstattgespräche sind als Diskussionsveranstaltungen gedacht. Deshalb hatten die Referate mehr die Aufgabe, Grundlagen für die Diskussion zu legen als eigenständige, abgeschlossene Ausarbeitungen zu präsentieren. Die schriftlichen Ausarbeitungen haben deshalb z.T. Stichwortcharakter. Einige wurden im Nachhinein weiter ausgearbeitet (Haase, Rodriguez-Lores). Mein Beitrag und der von Herrn Edler blieben i.w. in der vorgetragenen Form. Der sehr viel umfangreichere und durch Dias unterstützte Beitrag von J. Forßmann konnte leider nur in sehr komprimierter Form zur Verfügung gestellt werden.

Zum Verständnis der Beiträge ist es wichtig, darauf hinzuweisen, daß alle Beiträge aus einem aktiven Interesse an der Fragestellung entstanden, welche Bedeutung Stabilität und Wandel für die Stadtentwicklung haben. Am Beispiel verschiedener Stadttypen sollte dieser Frage nachgegangen werden. Dazu wurden ausgewählt:

- Aachen als regionales Zentrum mit im Kriege zerstörtem Kern, der aber unter Beibehaltung der mittelalterlichen Straßenstruktur wieder aufgebaut wurde;
- Köln als westdeutsche Metropole mit deutlichen Veränderungen im Grund- und Aufriss des Stadtkerns nach 1950;
- Duisburg als Produktionsstandort mit starken Einflüssen betrieblicher und infrastruktureller Entwicklungen und technischer Innovationen.

Insgesamt spiegeln diese drei Städte aus dem Wirtschaftsraum Rhein-Ruhr die Bandbreite unterschiedlicher Stadtstrukturen und unterschiedlicher Entwicklungsdynamik. Die der Diskussion zugrunde gelegte Fragestellung, in welchem Verhältnis sich stabile und sich wandelnde Bereiche in der Stadt gegenüber stehen, und welche Funktion Veränderungsbereiche im Stadtkörper haben, konnte allerdings nur exemplarisch behandelt werden. Deshalb geben die einzelnen Positionen auch deutlich Erfahrungen mit einer bestimmten Stadt und deren Politik wider.

Wie die Diskussion und wie auch die Texte zum Teil zeigen, gab und gibt es zu der von mir oben skizzierten Position durchaus Widerspruch. Die Gründe hierfür liegen sowohl im Grundsätzlichen als auch in der jeweiligen spezifischen Verwendung von Begriffen. Besonders prononciert hat sich Juan Rodriguez-Lores mit der Thematik auseinandergesetzt. Deutlich abweichende Positionen vertraten auch Edler und Forßmann, wobei Situation und Entwicklungsgeschichte des jeweiligen Erfahrungsbereichs, d.h. der jeweiligen Fallbeispiel-Stadt die Aussagen prägten.

Der Kern des Dissenses kann vielleicht im folgenden gesehen werden: Während eine Beschäftigung mit der Stadtmorphologie, ihren Qualitäten und Brüchen, vielleicht zwangsläufig zu Ansätzen führt, die mit Harmonisierung, Herstellung von Verbindungen, Arbeit gegen den Zerfall in beliebige Struktur- und Funktionsinseln, umschrieben werden können, kam in den Positionen der oben erwähnten Referenten deutlich heraus, daß der Bruch, der Widerspruch, oder wie es Rodriguez-Lores ausdrückt, daß "Unordnung" nicht als Nebenerscheinung sondern als struktureller Bestandteil der modernen Stadt betrachtet werden muß, weil sie zwangsläufiges Ergebnis der Kräfte ist, die diese Stadt beherrschen. Baulich-räumliche Strukturen, so fährt er fort, entstehen, werden erhalten, wandeln sich oder verschwinden, weil sie profitabel oder unprofitabel seien, d.h. weil die Nutzungen, die auf dem Boden lasten, diesen mehr, weniger oder gar nicht profitabel machen, und nicht weil sie schön, unschön, funktional, unfunktional, solide oder unsolide wären. So weit, so gut. Aber was macht Strukturen unprofitabel? Sind es nicht auch ihre Eigenschaften? Kein Investor wird solide, gut genutzte Substanz vernichten, wenn er nur ähnliche neue Volumina an deren Stelle setzen könnte. Die Brüche entstehen u.a. durch die Durchsetzung höherer Ausnutzungen. Erst dadurch werden die Werte der gegebenen Struktur relativiert. Niemand kann daran vorbeisehen, daß Gesetze der Bodenwertvermehrung die Veränderung unserer Städte in erheblichem Umfang bestimmen. Aber was ist dann die Rolle der kommunalen Planung? Sie hat ja zumindest gewisse Handhaben, Vorhaben, die ein ganzes Bau- und Nutzungsgefüge aus dem Gleichgewicht bringen können, zu beschränken, und dies geschieht, mit Einschränkung in Bezug auf die Steuerungsmöglichkeiten von Planung, bei verantwortlicher Planung auch. Die Anerkennung starker Individualinteressen und von antagonistischen Widersprüchen kann doch kein Grund sein, steuernde Einflußnahme zum Wohle des Gemeinwesens zu unterlassen. Woher aber kommen die Maßstäbe dafür? Ich meine, aus einer Bewertung struktureller Eigenschaften, wie sie ja auch in den planungsrechtlichen Regeln z.b. beim §34 des Baugesetzbuches oder in den Gebietsregelungen der Baunutzungsverordnung enthalten sind. Gerade die Anerkennung, daß Kräfte, die die Transformation der Stadt betreiben, im Kern rücksichtslos sind, verlangt umso mehr nach Maßstäben zur Errichtung von Widerstand an stadtstrukturell zu sichernden Bereichen. Dafür mag es andere Bereiche geben, wo man ihnen weniger Beschränkungen auferlegen kann. Es kommt eben auch darauf an, ob man sich auf solche Auseinandersetzungen einlassen will, oder ob man von vornherein auf aktive Versuche des Gegensteuerns verzichtet.

Es ist hier nicht der Ort, diese Diskussion in irgendeiner Form abzuschließen. Wichtig war, daß sie geführt wurde und weiter geführt wird. Dem Leser bleibt überlassen, und das ist ein wesentlicher Vorzug der Heterogenität der hier publizierten Beiträge, sich seine eigene Meinung zu bilden.

Aachen, im August 1988   Gerhard Curdes

1   Vergl. hierzu die eingehenden Darstellungen bei Durth, Werner: Deutsche Architekten. Biografische Verflechtungen 1900 - 1970. Frankfurt a.M., Braunschweig und Wiesbaden 1986.
2   Einen guten Überblick über die Gewalt der Eingriffe geben die seinerzeit eher in stolzem Selbstbewußtsein von der Deutschen Akademie für Städtebau und Landesplanung herausgegebenen Bücher: E. Wedepohl (Hrsg.) "Deutscher Städtebau nach 1945", Essen 1961, und J.W. Hollatz (Hrsg.): "Deutscher Städtebau 1968", Essen 1970.
3   Moudon, Anne Vernez: Built for Change. Neighborhood Architecture in San Francisco. The MIT Press, Cambridge, Massachusetts 1986 und London, England.
    Im letzten Abschnitt (ab S. 198) stellt sie in Fotos, Auf- und Grundriß eine Reihe von Wohnhausprojekten vor, die sich z.T. hervorragend, aber eben unter Verwendung der Formensprache unserer Zeit, in die Umgebungen einfügen. Die Beispiele zeigen manchmal geradezu eine Meisterschaft in der Interpretation von Erkern, Wand-Öffnungsverhältnissen, Materialien (z.B. S. 200 E. 2a, d; S. 219 E. 15)

G. Curdes

I. STADTMORPHOLOGIE: STRATEGIEN ZUR ERHALTUNG ODER WIEDERHERSTELLUNG HOMOGENER STADTSTRUKTUREN

1. Gegenwärtige Situation

Das 19. Jahrhundert und die Perioden davor haben uns geschlossene Stadträume und relativ homogene bauliche Strukturen der Städte übergeben. Strassenbegrenzungs- und Fluchtlinie sowie einfache geometrische Flächenteilungen waren die wichtigsten Organisationsmittel für den städtischen Raum. Die Auffüllung der Fluchtlinien mit typisierten, nur leicht variierten Bauten führte zu der großen Homogenität in der Parzellierung, der Nutzung, der Architektur und der Höhe, die noch heute den Städten Form und Halt geben. Fluchtlinienpläne, Staffelbauordnungen und lokale Bauordnungen waren die einfachen Instrumente, die zu jenen Strukturen geführt haben. Die städtebaulichen Mißstände jener Zeit lagen weniger (mit Ausnahme einiger Extreme) in der zu dichten Bauweise als in der Überbelegung. Mit aufkommenden Zweifeln an der Fluchtlinienplanung, mit der Kritik an der Korridorstrasse (Corbusier), mit dem Aufkommen von Flächennutzungsplänen und verbunden mit neuen Leitbildern der Nutzungsorganisation und der baulichen Anordnung, ließ der Wille zu einem auch noch räumlich verständlichen Zusammenhalten der großen Städte nach. Ersten Auflösungserscheinungen in den 20er Jahren folgten nach dem Kriege massive Korrekturen und Umgestaltungen, wobei vor allem folgende Ziele im Vordergrund standen:
- Durchbruch großer Schneisen für den Autoverkehr,
- Herstellung größerer Brandabstände (Luftschutz, Trümmerschneisen)
- mehr Licht und Luft,
- freiere Bauweisen,
- Nutzungswandel und höhere Ausnutzung,
- großflächiger Ersatz der Baustruktur in anderen Anordnungsformen (Sanierung),
- Einfüllung singulärer Großstrukturen (Wohn- und Bürohochhäuser, Supermärkte),
- permanenter Stadtumbau als großes Beschäftigungsprogramm.

Der Flächennutzungsplan entfaltete mangels räumlicher Komponenten wie Baulinien und Höhenbeschränkungen keine raumformende Kraft. Bebauungspläne als insulares Baurecht dienten oft eher der rechtlich gesicherten Durchsetzung partikularer Interessen als der Verstetigung und Kultivierung der baulichen Struktur.
Heute stehen wir vor weitgehend fragmentierten Großstädten, die eher unzusammenhängende Inseln als großräumige Zusammenhänge bilden. Egoismus und Partikularismus unserer Gesellschaft spiegeln sich ehrlich im Abbild vieler Städte.
Nun sind wir in vielen Industrieländern in einer Phase, die durch mehrere, gleichermaßen feststellbare Phänomene gekennzeichnet ist:
- Der Zerstörungsgrad, der Mangel an emotional besetzbaren Qualitäten wirken entwicklungshemmend, beeinträchtigen als negativer Standortfaktor die Konkurrenzfähigkeit und die Bindung von Unternehmen und Einwohnern; gute Stadtgestalt ist ein Wachstumsfaktor geworden!
- Nach dem Ende des quantitativen und nach außen expandierenden Wachstums richten sich die Aufgaben und Interessen verstärkt auf die Stadtinnenentwicklung;
- Nutzungswandel führt zu neuen Planungsaufgaben: eine Fülle gewerblicher und industrieller Produktionen haben sich räumlich verlagert (Fernost, an die Peripherie), ganze Produktlinien werden eingestellt. Dadurch werden Standorte und Produktionsgebäude frei, wie z. B.:
- Hafenzonen (Boston, London, New York, Hamburg, Duisburg),
- Bahnanlagen in zentraler Lage (Köln-Gereon),
- Stahl- und Kohlestandorte (Duisburg, Dortmund, Aachen, Saar),
- Textilfabriken (Aachen, Bergisches Land, Westmünsterland)
- Maschinen-, Elektro- und demnächst Autoproduktionsanalagen (Pirelli-Werk Bicocca in Mailand, Fiat Werk Lingotto, Turin).
- Technische Alterung von Stadtteilen und Bauten (100-200 jährige Lebensdauer von Gebäuden. Bei Betongebäuden und Baustrukturen mit geringer Nutzungsvariabilität z.T. nur 20 - 50 Jahre).

Aufgrund dieser und anderer Prozesse stehen viele Städte vor einer neuen Phase. Sie hat eher schleichend begonnen und wird nun immer deutlicher. Deshalb wird auch für Stadtpolitik, Forschung, Planungs- und Architekturdiskussion die Frage aktueller, in welcher Weise und nach welchen Zielvorstellungen mit den freiwerdenden Beständen, mit den Bautypen und den Anordnungsformen umgegangen werden soll. Was bedeutet das Freiwerden einer Produktionsanlage innerhalb einer historisch intakten Stadtstruktur, was in einer homogenen und in einer heterogenen Umgebung? Sollen bauliche Nutzungen auf solchen Standorten das bauliche Gefüge festigen, fortführen oder sind beliebige Ausfüllungen erlaubt? Sind die Chancen solcher Areale für die Stadtentwicklung rechtzeitig erkannt und ausdiskutiert oder werden sie durch unvorbereitete Sachzänge vertan? Haben die Städe stadträumliche Konzepte, um den räumlichen Zusammenhang in solchen Zonen herzustellen?

Ein weiteres Problem steht an: Großstädte bestehen auch aus Ringen und Inseln verschiedener städtebaulicher und architektonischer Leitbilder. Einige dieser Inseln (bes. jene aus den 70er Jahren) werden zu erneuern sein. Sollen diese Brüche des Raumkontinuums bewußt gepflegt oder harmonisiert werden?

Dies sind nur einige Fragen, die sich vermehrt stellen und für die weder die fachliche Diskussion noch die Methodik hinreichende Antworten geben.

2. Zur Bedeutung intakter morphologischer Strukturen für die Stadterneuerung

Gute (im Sinne von langfristig gebrauchstauglichen) morphologische Strukturen sind ein Kapital jeder Stadt. Sie stellen stabile Areale im Stadtgefüge dar, die der Form der Stadt und den Nutzungen Halt geben. Sich selbst regenerierende Strukturen entlasten die öffentliche Hand von Investitionen und erhalten soziale und emotionale Beziehungen.

Gut strukturierte Morphologien setzen Umwandlungsabsichten den Widerstand der vorhandenen Strukturlogik entgegen. Diese kann aufgehoben werden in Fällen geringer Restwerte oder bei durchsetzungsfähigen Interessen. Im Prinzip gilt aber, daß geometrisch gut geordnete, relativ homogene Strukturen sehr stabil gegen Veränderungsabsichten sind, die mit der Logik der Struktur nicht übereinstimmen. Solche Ordnungen sind daher auch relativ einfach planungsrechtlich zu sichern (B-Pläne, Erhaltungssatzungen).

Gute Ordnungen liegen i.d.R. dann vor, wenn sich wenige Grundelemente ohne allzugroße Abwandlung wiederholen und durch gleiche Anordnungsformen ein erkennbares Grundmuster ausbilden. Solche Grundmuster bilden den "Charakter" eines Gebietes. Das Grundmuster wird am stärksten durch den Gebäudetyp bestimmt. Danach durch die Art der Netzgeometrie, durch das Verhältnis von Höhe der Bebauung zur Breite der Straßen und durch die Form der Straßen.

Ordnungen, die durch die Wiederholung gleicher Elemente gebildet sind und die keine große Lücken aufweisen, vertragen kleinere Störungen durch abweichende Bau- und Nutzungsformen. Ab einem bestimmten Umfang aber, nämlich dann, wenn die vorhandene Ordnung dauernd durchbrochen wird, oder wenn sie ohne klare Abgrenzung durch eine oder mehrere konträre Muster überlagert wird, verliert die ursprüngliche Ordnung ihre strukturbildende Kraft.
Strukturen, die dauernd das Grundmuster wechseln, wo Geometrien, Gebäudetypen, Höhen, Fluchten, Architekturen, Farben und Materialien dauernd und ohne erkennbare Regel wechseln, werden als strukturlos, als chaotisch empfunden. Erst wenn Strukturlosigkeit als generelle Umgebung existiert (wie z.B. in manchen Städten der USA), können Gewöhnungseffekte dies etwas mildern. Eine in der Wahrnehmung negative Bewertung setzt sich auch ökonomisch fort, da bei Bereichen geringer Ordnung auch gestörte Zusammenhänge vermutet werden. Gestörte Ordnungen sind daher auch Symbol einer ungesicherten Zukunft.
Transformationen der Stadt finden in für die Gesamtfunktion überlebenswichtigen Bereichen, in wenig strukturierten Bereichen sowie in Freiräumen statt. Eine Stadt, in der sich die Entwicklungen und Probleme dieser Zeit spiegeln, kann freilich nicht als homogenes Gebilde existieren. Es bedarf immer Zonen des Wandels und der Entwicklung, in denen Anpassungsvorgänge stattfinden können. Von besonderer Bedeutung hierfür sind bisherige Randbereiche.
Ränder, "graue" Zonen, Transformationsbereiche, haben eine wichtige Aufgabe für die Stadt - sie stellen Pufferräume dar, wirken als Ansatzpunkte für neue Entwicklungen. Wo sollen sich in einer weitgehend bebauten Stadt neue Nutzungen anlagern? Solche untergenutzten oder ungeordneten Bereiche sind dafür günstige Areale: Sie sind bereits erschlossen, liegen oft noch nahe zu Versorgungseinrichtungen, haben geringe Bodenwerte und liegen außerhalb des Aufmerksamkeitsinteresses. Sie haben keine starke politische Lobby, es gibt stillen Konsens, da ich solche Bereiche verändern müssen. Ein günstiges Ausgangssituation also für Neuentwicklungen.
Langfristige Stadtentwicklung wird sich daher dem Struktur- und Nutzungsgefüge viel intensiver widmen müssen.

3. Aufgaben des Stadtumbaues der nächsten Jahrzehnte

Die Aufgaben sind je nach dem Entwicklungsstand der Länder, der Stadttypen verschieden. Bei den deutschen Groß- und Mittelstädten wird es sich aber überwiegend um die folgenden handeln:
- Ordnung der Gewerbegebiete
- Neue Nutzungen und Gestaltung brachfallender Flächen, Gebäude und Anlagen
- Stabilisierung und Erhaltung homogener Bestände aus allen Perioden
- Erneuerung und Modernisierung der erhaltenswerten Bestände aus diesem Jahrhundert
- Umnutzungs-, Umbau- und Abrisskonzepte für Großstrukturen der 70er Jahre
- Rückbau und Korrektur überdimensionierter Verkehrsanlagen,
- Wiederherstellung öffentlicher Räume
- Sicherung homogener und Verbesserung heterogener Strukturen
- Entwicklung neuer Nutzungsmischungen, Nutzungsvernetzungen in funktionsentmischten Gebieten, Entwicklung von Typologien für zeitgemäße Mischgebiete.
- Entwicklung und Akzentuierung der Stadtgestalt
- Verbesserung der symbolischen und der Gebrauchsqualitäten.

Ohne den Anspruch auf Vollständigkeit und unter Ausklammerung anderer, die Stadtstruktur nicht primär tangierender Aufgaben wird deutlich, daß es sich hier um ein erhebliches Aufgabenpotential und damit auch um nicht geringe Möglichkeiten der Beeinflussung der morphologischen Struktur handelt.

4. Unterschiedliche Möglichkeiten und Prioritäten bei der Strukturbeeinflussung

Vereinfacht, in aufsteigender Reihenfolge zunehmender Intensitäts- und Planungsdichte können vielleicht die folgenden planerisch/ strategischen Ansätze unterschieden werden, mit denen z. T. auch unterschiedliche Verständnisformen der Stadtentwicklung verbunden sind:
1) Überordnung der Einzelfunktionen und von Partikularinteressen
    Die morphologische Struktur und der städtische Raum werden nicht als Aufgaben gesehen. Aus der Optimierung der Einzelfunktionen (Verkehr, Wirtschaft, Verwaltung, Wohnen) ergibt sich als Resultat die

Struktur. Dieses Verständnis wird auch bei den vom gegenwärtigen Optimum abweichenden historischen Beständen angewandt. Die Stadt wandelt sich ohne Rücksicht auf ihre Geschichtlichkeit und ohne einen erkennbaren Gesamtzusammenhang. Ergebnis: Heterogene, zusammenhangslose Stadt, fließende Räume, ungleiche Höhen- und Baufluchten, Brüche in den Nutzungen und in der Architektur.

2) Konzentration auf die Netze
Sicherung eines zusammenhängenden Stadtgefüges wenigstens an den Radialen und Ringen. Stadtgestalterische Akzentuierung.
Herstellung eines Kontinuums ausgeprägter Sequenzen, Knoten, Stadtein- und -ausgänge. Vertikale Akzentuierung wichtiger Übergangsbereiche als lineares Gerüst eines ansonsten nicht mehr ganzheitlich erfahrbaren Großstadtraumes. (Beispiel: Mäckler für Frankfurt, aber nur bezogen auf einige markante Punkte. Vergl. Bauwelt 3/87.)

3) Konzentration auf die Kerne
Entwicklung bzw. Sicherung städtebaulich/ historisch bedeutsamer Kerne der Stadt, Stadtteile und Vororte.
(Beispiele fast alle Städte mit historischem Kern).

4) Sicherung der Vielfalt
Sicherung der besonderen Charakteristik aller prägnanter Teilbereiche aus den verschiedenen Perioden und Leitbildphasen. Veränderungen im Einklang mit der jeweiligen Charakteristik. Besondere Ausbildung der Übergangszonen zwischen diesen Bereichen. Wissenschaftliche Arbeiten hierzu: Schirmacher; Erhaltung im Städtebau. Grundlagen - Bereiche -Gestaltbezogener Ortstypologie. Bonn 1978. BMBAU Bd. 02.010. Moser: Charakteristik der Stadtgestalt. Gezeigt am Beispiel Wien. Wien 1985.

5) Erhaltung homogener Strukturen
Erhaltung aller homogenen Bereiche und soweit diese technisch erneuert werden müssen, Anknüpfung bei der Neubebauung an den grundlegenden Typen und Anordnungsprinzipien. Erhaltung des Kontinuums der öffentlichen Räume, Erhaltung der sozialen und geschichtlichen Kontinuität der Stadt. Sozialer und baulicher Wandel gehen kleinteilig im Rahmen der Spielräume der vorhandenen Struktur vor sich. Fehler und Brüche werden im Einklang mit den vorherrschenden Typologien der Gebäude und Strassen korrigiert. Vielfalt entsteht durch Kultivierung und Variation weniger Typen und Materialien und nicht durch starke Abweichungen.

Beispiele: Erhaltungskonzepte für homogene Altstadtbereiche (Bologna, Venedig, mittelalterliche deutsche Kleinstädte)
Wissenschaftliche Arbeiten hierzu:
Muratori: Studi per una Operante Storia Urbana di Venezia, Roma 1960, 2 Bde.
Aymonino, Carlo: Lo studio dei fenomeni urbani, Rom, Officina editrice, 1977.
Rossi, Aldo: L'architectura della citta, Padua, Marsilio, 1966 Caniggia, Gianfranco; Maffei, Gianluigi: Composizione architettonica e tipologia ediliza. Prima parte: Lettura dell'edilizia di base. Venedig. Marsilio, 1979.
6) Ordnung des Gefüges
Hierunter fallen Ansätze wie z.B. Korrektur von Brüchen, Umwandlung inhomogener Nutzungen in homogenere Nachbarschaften, Korrektur von Abweichungen in der Morphologie, Beseitigung störender Nutzungen. Beispiel: Vorherrschende Erneurungspraxis seit Anfang der 70er Jahre.
7) Entwicklung der öffentlichen Räume
Konzentration auf die Gestaltung und Umgestaltung von Straßen und Plätzen als Impulsgeber für selbsttätige Erneuerungen der angrenzenden Strukturen. Diese Strategie geht z.T. konform mit der unter "2)." beschriebenen Konzentration auf die Netze, schließt aber auch die gesamtstädtisch weniger wichtigen Straßen und Plätze ein. Besonders in den Jahren seit 1978-80 war dies eine der dominanten Strategien in den meisten Städten.

Mit diesen Begriffen sind wohl die wichtigsten Ansätze umschrieben, die in den letzten Jahren und vermehrt in der Zukunft planendes Handeln in den Städten bestimmen können, soweit es sich um den gezielten Umgang mit der baulich/räumlichen Struktur der Stadt handelt. Es handelt sich dabei aber nicht um zwangsläufige Aufgaben, sondern eher um bewusste Strategien zur Erhaltung und Entwicklung des baulich/ räumlichen Gefüges. Solche Strategien spiegeln den Tatbestand, daß sich Stadtpolitik nicht allen Aufgaben gleichzeitig zuwenden kann und in den einzelnen ökonomischen Phasen der Stadtentwicklung meist ganz bestimmte Aufgaben als dominant angesehen werden. Die Reihenfolge dieser Aufgaben wird dabei i.a. durch funktionsbezogene Aufgaben bestimmt.
Die dargestellten Strategien oder Schwerpunkte entsprechen teilweise solchen Reihenfolgen, teilweise sind sie parallel anwendbar und wurden/ werden je nach der Struktur der Stadt kombiniert angewandt.

Thesen zur Morphologie

- Gut strukturierte Morphologien setzen Umwandlungsabsichten den Widerstand der vorhandenen Strukturlogik entgegen. Diese kann aufgehoben werden in Fällen geringer Restwerte oder bei durchsetzungsfähigen Interessen. Im Prinzip gilt aber, daß geometrisch gut geordnete homogen aufgefüllte Strukturen sehr stabil gegen Veränderungsabsichten sind, die mit der Logik der Struktur nicht übereinstimmen.
- Gute Ordnungen liegen i.d.R. dann vor, wenn sich wenige Grundelemente ohne allzugroße Abwandlung wiederholen und durch gleiche Anordnungsformen ein erkennbares Grundmuster ausbilden. Solche Grundmuster bilden den "Charakter" eines Gebietes. Das Grundmuster wird am stärksten durch den Gebäudetyp bestimmt. Danach durch die Art der Netzgeometrie, durch das Verhältnis von Höhe der Bebauung zur Breite der Straßen und durch die Form der Straßen (gerade/ungerade..).
- Ordnungen, die durch die Wiederholung gleicher Elemente gebildet sind und die keine großen Lücken aufweisen, vertragen Störungen durch abweichende Bau- und Nutzungsformen. Ab einem bestimmten Umfang, nämlich dann, wenn die vorhandene Ordnung dauernd durchbrochen wird oder wenn sie ohne klare Abgrenzung durch eine oder mehrere konträre Muster überlagert wird, verliert die ursprüngliche Ordnung ihre strukturbildende Kraft.
- Strukturen, die dauernd das Grundmuster wechseln, wo Geometrien, Gebäudetypen, Höhen, Fluchten, Architekturen, Farben und Materialien dauernd und ohne erkennbare Regel wechseln, werden als strukturlos, als chaotisch empfunden. Erst wenn Strukturlosigkeit als generelle Umgebung existiert, können Gewöhnungseffekte dies etwas mildern. Diese, auf die Wahrnehmung abgestellte Bewertung setzt sich ökonomisch fort, da bei Bereichen geringer Ordnung auch gestörte Zusammenhänge vermutet werden. Gestörte Ordnungen sind daher auch Symbol einer ungesicherten Zukunft.
- Transformationen der Stadt finden in für die Gesamtfunktion überlebenswichtigen Bereichen, in wenig strukturierten Bereichen sowie in Freiräumen statt.
- Ränder, "graue" Zonen, Transformationsbereiche haben eine wichtige Aufgabe für die Stadt: Sie stellen Pufferräume dar, wirken als Ansatzpunkte für neue Entwicklungen. Wo sollen sich in einer weitgehend bebauten Stadt neue Nutzungen anlagern? Solche untergenutzten oder ungeordneten Bereiche sind dafür günstige Areale: Sie sind bereits er-

schlossen, liegen oft noch nahe zu Versorgungseinrichtungen, haben geringe Bodenwerte und liegen außerhalb des Aufmerksamkeitsinteresses. Sie haben keine starke politische Lobby, es gibt einen stillen Konsens, daß sich solche Bereiche verändern müssen. Eine günstige Ausgangssituation also für Neuentwicklungen.

5. Schlußbemerkung

Zweck dieses Beitrages war es, im Rahmen der Diskussion über Stadterneuerung auf den lange Zeit vernachlässigten Aspekt der großräumigen Struktur und Gestaltbeeinflussung hinzuweisen. Städtebau hat auch und insbesondere mit der Struktur der Stadt zu tun. Leider fehlt zwischen der eher zweidimensionalen Flächennutzungsplanung und der kleinteiligen, dreidimensionalen Bebauungsplanung ein entwickeltes Instrument der baulichen Strukturplanung (städtebauliche Rahmenplanung für die Gesamtstadt). Die aus der Planungsgeschichte bekannten Instrumente und die zur Zeit möglichen sollten daher für diesen Zweck erneut überprüft werden.

A. Haase

II. PHÄNOMENE STÄDTISCHER VERÄNDERUNGSPROZESSE - ZUR RELEVANZ DER STADTANALYSE FÜR AKTUELLE FRAGEN DER STADTENTWICKLUNG

1. ZUM THEMA 'STABILITÄT UND WANDEL' - DIE AKTUELLE RELEVANZ DER HISTORISCHEN ANALYSE
2. ZU CHARAKTER UND FESTSTELLBARKEIT STRUKTURELLER VERÄNDERUNGTATBESTÄNDE
3. ZUR PROZESSHAFTIGKEIT STADTSTRUKTURELLER VERÄNDERUNGEN
4. FAKTOREN DER DURCHSETZUNG VON VERÄNDERUNG - 'VERMITTELT WIRKENDE' KRÄFTE
5. ZUR INTEGRATION VON VERÄNDERUNGEN IN BESTEHENDE STRUKTUREN
6. ZUR ENTSTEHUNG UND AKTUELLEN BEDEUTUNG 'STÄDTEBAULICHER BRÜCHE'
7. SCHLUSSFOLGERUNGEN FÜR AKTUELLE FRAGEN DER STADTENTWICKLUNG

VORBEMERKUNG

Der folgende Beitrag zum Thema 'Stadtstruktur: Stabilität und Wandel' entstand auf der Grundlage einer aktiven Auseinandersetzung mit den Möglichkeiten der Stadtanalyse, insbesondere der Kartenanalyse, im Rahmen der Durchführung der Pilotstudie "Stadtmorphologie und Innovation, Fallbeispiel Aachen" zu gleichnamigem internationalen Forschungsvorhaben der VW-Stiftung, für die das Institut für Städtebau und Landesplanung, Prof. G. Curdes, RWTH Aachen, den Auftrag erhalten hatte.
Der ursprünglich von mir im Rahmen des Werkstattgesprächs am 4.2.1987 geleistete Beitrag zum Thema war, aus zeitlichen Gründen, stark verkürzt und inhaltlich noch darauf ausgerichtet, nach verallgemeinerbaren Kriterien für eine Beurteilung der 'Integrationsfähigkeit' räumlich-baulicher und räumlich-funktionaler Strukturen zu suchen.
Die weiterführende Beschäftigung mit dem Thema und insbesondere die Auseinandersetzung mit dem Beitrag von Dr. phil. J. Rodriguez-Lores

waren eine wichtige Grundlage für die Formulierung dieses Beitrages, vor allem für die Formulierung der Schlußfolgerungen.

1. ZUM THEMA: 'STABILITÄT UND WANDEL' DIE AKTUELLE RELEVANZ DER HISTORISCHEN ANALYSE

Wir betrachten die Veränderungen von Stadt, das heißt die Bewegungen ihrer Nutzungs- und Bebauungsstrukturen. Stadt - das ist mehr als 'innerstädtische' Bereiche; das ist auch das Verhältnis von 'innerstädtischen' Bereichen zur umgebenden 'verstädterten Region', d.h. zum Gesamtraum, innerhalb dessen sich eine Stadt entwickelt.

'Stabilität und Wandel' - diese Begriffe umreißen ein Spannungsfeld von Kräften, deren Harmonie wir, insbesondere als Planer, immer wieder auf's Neue versuchen herzustellen.

'Stabilität und Wandel', was heißt das?

Im üblichen Sprachgebrauch steht 'Stabilität' für das, was Bestand hat, bzw. für das Zurückfallen von Bewegungen in den ihnen eigenen Schwerpunkt; 'Wandel' steht für Veränderungsprozesse, die neue, andersartige Tatbestände hervorbringen.

Diese Art der Unterscheidung legt die irreführende Vorstellung nahe, es handele sich um Gegensätze: hier die Fortdauer, dort der Bruch.

Bei der Suche nach konkreten Beispielen entdecken wir:
- In jeder Situation feststellbarer 'Stabilität' sind Möglichkeiten der Veränderung angelegt;
- In jeder Situation feststellbaren 'Wandels' sind Möglichkeiten der Fortdauer genau der neu hergestellten Tatbestände enthalten. Darüberhinaus gibt es die Fortdauer der Veränderung oder den stillen Wandel der vermeintlichen Stabilität.

Es wird deutlich:

Fortdauer und Veränderung sind zwei Erscheinungsformen einunddesselben Prozesses: der Bewegung von Gegebenheiten unter Einfluß von Kräften, die wir nicht eindeutig definieren können. Bewegungsprozesse können wir rückblickend verfolgen, Prognosen für zukünftige Bewegungen sind allenfalls kurzfristig möglich.

Das rückblickende Verfolgen von Bewegungsprozessen öffnet uns aber den Blick für das Zustandekommen von jeweils historisch und räumlich erfahrbaren Veränderungstatbeständen, für die Gelegenheiten und "Angriffsflächen", die der Veränderung Raum gaben, für die Kräfte, die die Verände-

rung anregten und letztendlich auch für die Auswirkungen von Veränderungen, die ihrerseits grundsätzlich immer auch auslösende Wirkung für nachfolgende Veränderungen haben können. Gelingt es uns, den Blick zu schärfen für diese Zusammenhänge, so werden wir besser in der Lage sein, das, was um uns herum in Bewegung ist und das, was wir selbst an Bewegung tragen oder verstärken, innerhalb des Kontextes von Zeit und Raum zu erkennen und zu bewerten.
So hat die historische Betrachtung von Veränderungen städtischer Strukturen in erster Linie das Ziel, eine kritische aber auch kreative Distanz zu Gegenwärtigem herzustellen und eine Basis zu schaffen für die Beurteilung der Frage: Welche Art von Veränderung ist notwendig, um gegebene Situationen zu verbessern?
Die Beschäftigung mit diesen Fragen setzt eine Prüfung des Vorhandenen und seines Zustandekommens voraus; Antworten auf diese Fragen können nicht grundsätzlich sein, wenn sie berücksichtigen wollen, was die Identität von Entwicklung ausmacht: das Zusammentreffen der jeweils besonderen Einflüsse des betroffenen Raumes in der historisch gegebenen Zeit.
Für die Analyse eines Raumes (Stadt, Teilraum, Bebauungs- und Nutzungszusammenhang, Parzelle) heißt das, daß die charakteristischen Merkmale seiner Entwicklung zu unterscheiden sind von solchen, die generellen und ortsunspezifischen Tendenzen zuzuschreiben sind. Diese Unterscheidung betrifft sowohl die räumlich-baulichen und räumlich-sozialen Gegebenheiten und deren Qualitäten im Kontext von Raum und Zeit als auch den Zeitpunkt der Herausbildung bestimmter Merkmale im Verhältnis zu vergleichbaren generellen Tendenzen (Un-/Gleichzeitigkeiten).
Die Ergebnisse einer solchen Analyse haben für eine Bewertung aktueller Situationen oder für eine Konzeption nur dann einen Sinn, wenn sie dazu dienen, die aktuellen Anforderungen an die Entwicklung einer Situation im Rahmen ihrer Zeitabhängigkeit zu sehen, die darin enthaltenen Werte hinsichtlich ihrer Auswirkungen auf die Situation zu prüfen und infolge einer solchen Prüfung eine Basis zu schaffen für die Beurteilung der Verträglichkeit von Veränderungen.
Da der Maßstab für eine solche Entscheidung jeweils im Verhältnis zum gültigen gesellschaftlichen Wertesystem steht, muß jede Zielfindung dazu Position beziehen.
Es ist nicht verwunderlich, daß zu Zeiten immer kürzer werdender Wellenbewegungen gesellschaftlichen und technologischen Wandels die Suche nach der 'historischen Kontinuität' und damit auch die historisch orientierte Stadtanalyse für die Stadtentwicklung an Bedeutung gewonnen haben.

Dabei ist rückblickend festzustellen, daß der Bezug zur Geschichte immer dann relevant war, wenn gravierende Strukturveränderungen anstanden und in bestehende Situationen integriert werden mußten (Klazzizismus, der 'künstlerische' Städtebau der Jahrhundertwende, die 'Stadtkrone' der 20er Jahre, der Regionalismus der 30er Jahre, der Bezug zu mittelalterlichen Vorbildern von Stadtvierteln in den 50er Jahren...).

Für die Gegenwart kommt hinzu, daß in einer Phase umfassender wirtschaftlicher Stagnation unter gesamtwirtschaftlichen und ressourcenschonenden Aspekten nach dauerhaft 'tragfähigen' Strukturelementen der Nutzung und Bebauung (Standorte, Anordnungsformen) gesucht wird. Das Kriterium der 'Tragfähigkeit' beinhaltet gleichermaßen 'Wandel' und 'Stabilität', d.h., es gilt, solche Strukturelemente zu erhalten oder neu zu schaffen, die dauerhaft funktionalen Wandel aufnehmen. Das Kriterium der 'Tragfähigkeit' ist ein wirtschaftliches, das die Anforderungen an Gebrauchswerte (Flexibilität der Nutzbarkeit) und die Anforderungen an sozial-räumliche Bindungen (Identitätsbildung) miteinander verbindet, um mittels dieser Bedingungen die Finanzierbarkeit der Entstehung oder der Erhaltung und Pflege solcher Strukturelemente zu sichern. Im Sinne von 'gesellschaftlicher Akzeptanz' war die 'Tragfähigkeit' von Strukturen und ihren städtebaulichen Elementen immer ein Kriterium für räumlich-bauliche Entwicklung; sie kann in diesem grundsätzlichen Sinne weder positiv noch negativ bewertet werden.

Eine Suche nach Bewertung, die der Frage nach der Verträglichkeit von Veränderungen nachgeht, sollte berücksichtigen, daß die formalen Merkmale von Strukturen allein nicht Träger von städtebaulicher Identität sind, sondern daß vor allem ihre Qualitäten als Lebensraum diese gewährleisten. Die historische Analyse kann uns Aufschlüsse darüber geben, welche dieser Qualitäten wir verloren, welche wir noch zu verlieren oder welche wir zu bewahren und zu entwickeln haben.

2. ZU CHARAKTER UND FESTSTELLBARKEIT STRUKTURELLER VERÄNDERUNGSTATBESTÄNDE

Jede Stadt, jeder städtische Teilraum ist Ergebnis von Entwicklungen der Siedlungstätigkeit, die heute entweder in ursprünglicher Ausprägung (ganz oder teilweise) erhalten oder durch nachfolgende Entwicklungen überlagert sind.

Haben bestimmte Epochen nachhaltigen Einfluß auf die städtebauliche Entwicklung gehabt, so sind die Resultate auch heute noch in Form erkennbarer 'städtebaulicher Einheiten' ausschlaggebend für das "Gesicht" einer Stadt. Insbesondere der Stadtgrundriß ist Träger der Identität, sofern nicht erhebliche Strukturveränderungen, vor allem der Kriegs- und der Nachkriegszeit, eingegriffen haben. Die im Stadtgrundriß sichtbare Dauerhaftigkeit von Wegeführungen zeigt, daß nicht alle Strukturmerkmale gleichermaßen Veränderungen unterworfen sind und führt zu folgender grundsätzlicher Unterscheidung:
- die Einflüsse von Topographie, Bodenbeschaffenheit und besonderen Lagebedingungen (Flüsse, Höhenzüge) sind *zeitunabhängige Faktoren der Flächennutzung* und Basis äußerst langlebiger Strukturmerkmale;
- Bausubstanz und Parzellenstruktur sind *zeit- und verwertungsabhängige Faktoren der Flächennutzung*; sie tragen nur dann zu längerfristig wirksamen Strukturmerkmalen bei, wenn sie 'tragfähig' bleiben, d.h., wenn sie den sich verändernden Verwertungsbedingungen entsprechen, oder wenn sie in öffentlicher Nutzung oder mit kultureller Bedeutung unabhängig von Verwertungsansprüchen gehalten werden.

Solchermaßen unterschieden, sind folgende Merkmale der physischen Substanz stadtstruktureller Entwicklung Gegenstand der Feststellbarkeit von Veränderungen: Erschließungsnetz (Wegeführung, Breite und funktionale Bedeutung), Umfang und Richtung des Wachstums bebauter Flächen sowie deren Dichte und deren Vorgaben für das Verhältnis zwischen öffentlichen und privaten Räumen, Parzellierung und Gebäudetypen.

So wie in der Gegenwart real sichtbar, so umfassen genannte Merkmalskategorien auch für zurückliegende zeitliche Stufen der Betrachtung 'Stabilität' und 'Wandel' nebeneinander und auch im Wechsel zueinander.

Während eine Analyse der Gegenwart vielfältige, unmittelbare Möglichkeiten der Untersuchung bietet (Wahrnehmung, Fotos, Begehungen, Befragungen), sind die Untersuchungen weiter zurück liegender Phasen der Entwicklung auf Karten-, Bild- oder Text-, bzw. Datenmaterialien und deren Auswertung angewiesen. Zum Zweck einer ersten und überschläglichen Feststellung von Veränderungen zwischen vergangenen Entwicklungsstadien hat es sich bewährt, (Transparent-)Karten zu überlagern; das Ergebnis dieser Erfassungs- und Vergleichsmethode ist - eine qualitative Aussagen betreffend - eingeschränkte, jedoch quantitative Aspekte betreffend fundierte Aussage über siedlungs- und bebauungsstrukturelle Entwicklungen: Ort und Häufigkeit der Veränderung sind meist annähernd zu definieren.

Diese Ergebnisse beziehen sich somit (auf der Grundlage von Katasterkarten) vorwiegend auf die physische Substanz von Entwicklung; Aussagen über Nutzungsstrukturen und deren Veränderungen sind, sofern nicht ebenfalls kartiert, den Karten nicht eindeutig zu entnehmen.
Die auf diese Weise feststellbaren Veränderungstatbestände sind unter folgenden Kategorien grundsätzlich zu unterscheiden:
* Fortdauer der Bebauungsstruktur, der Parzellen, der Fluchten und der Erschließungsstruktur,
* Modifikation der Strukturen durch anteilige Veränderung eines oder mehrerer baulich-räumlicher Elemente,
* Ersatz alter Elemente durch andersartige, neue.

Dabei ist der Abriß von Gebäuden nicht feststellbar, wenn neue Gebäude in gleicher Breite und Tiefe die alten ersetzen.
Die erfaßten bebauungsstrukturellen Veränderungen können innerhalb erkennbarer Bebauungszusammenhänge und für die jeweiligen Zeiträume der Betrachtung unterschieden werden nach den weiter differenzierenden Kategorien 'kontinuierliche' und 'diskontinuierliche' Entwicklung; der Maßstab hierfür liegt in der umgebenden räumlich-baulichen Situation; bei Fortführung von Fluchten, Bebauungs- und Parzellenstruktur gilt die Kategorie 'kontinuierlich'; bei gravierenden Abweichungen eines oder mehrerer dieser Merkmale gilt die Kategorie 'diskontinuierlich'. Aspekte der Nutzungsstruktur sind, wie bereits gesagt, in dieser Unterscheidung nicht enthalten.
Die genannten Kategorien erfassen, wie gesagt, nur die "äußere Hülle" kleinteiliger Veränderungen unter formalen Aspekten und erfassen damit räumlich und zeitlich nur den Rahmen für die Bandbreite dessen, was die Begriffe 'Stabilität' und 'Wandel' an Stadien der Veränderung enthalten können; sie stellen jedoch zu diesen Begriffen keinen unmittelbaren Bezug her und füllen sie auch nicht mit konkreten Informationen über die Komplexität von Veränderungen.
Die einführende Unterscheidung zwischen 'ursprünglicher' und 'überlagerter' Entwicklung kann für viele zeitliche Stufen der Betrachtung präzisiert werden mittels der Kategorien 'Erweiterung' und 'Verdichtung' der Siedlungsstruktur.
In letzter Zeit sind Veränderungen aufgetreten, die eine Ergänzung dieser Kategorien um die Kategorie "Verringerung von Dichte" erfordern.

3. ZUR PROZESSHAFTIGKEIT STADTSTRUKTURELLER VERÄNDERUNGEN

Die Bewegungen, die die Stadtentwicklung hervorbringt und die sie wiederum tragen, umfaßt alle Maßstabsebenen der Betrachtung und zeigt vielschichtige Wechselwirkungen: Das Hinzukommen, das Wegfallen einer Straße oder eines Gebäudekomplexes kann den Charakter eines ganzen Stadtteilraumes verändern, wenn sich daraus einschneidende Nutzungs- und Gestaltveränderungen ergeben.

Einbezogen in diese Bewegungsprozesse und Bestandteil ihrer Dynamik sind alle Bereiche: sowohl diejenigen, die offensichtlich Veränderungen aufweisen, als auch diejenigen, die Fortdauer zeigen und keinen Veränderungsdruck erkennen lassen. Ihre Wechselbeziehung zueinander ist vermittelt durch eine Spannung, die gerade die Entwicklung dicht genutzter städtischer Räume kennzeichnet; diese Spannung ist zu vergleichen mit dem Verhältnis zwischen Angebot und Nachfrage bei zeitabhängig begehrten Waren; ist das Angebot ausreichend, ist die Nachfrage relativ schwach; ist das Angebot gering, ist die Nachfrage relativ stark; wenn das Angebot erschöpft ist, muß ein neues Kontingent in Angriff genommen werden. Voraussetzung für diese Spannung ist natürlich eine zahlungsfähige Nachfrage.

Diese Spannung, bzw. die funktionalen Ansprüche an den Raum, bestimmen Schnelligkeit und Richtung der Bewegungen. Bilder wie "das verschlafene Dorf" oder "die pulsierende Stadt" sind Ausdruck der Dynamik; in diesen Bildern wird deutlich, daß die Art der vorwiegenden Produktion (Landwirtschaft = primärer Sektor; Gewerbe, Industrie = sekundärer Sektor; Handel, Dienstleistung = tertiärer Sektor) ein wesentlicher Bestimmungsfaktor der Dynamik ist. Das Tempo der Bewegung ist wiederum abhängig von der Bedeutung des jeweiligen Produktionssektors für Zeit, Raum und Gesellschaft. In einer Zeit, in der das produzierende Gewerbe die Grenzen seiner Produktivität erreicht hat und Handel und Dienstleistung an Bedeutung gewonnen haben, wird die Bewegung in Städten starker Tertiärisierung schneller sein. Will man die Bewegung einer Stadt verstehen, so muß man also nicht nur ihre Abhängigkeit von den Einflüssen internationaler und nationaler wirtschaftlicher Verflechtungen sehen, sondern man muß auch erkennen, in welcher Weise sich diese Abhängigkeiten im jeweiligen Raum niederschlagen, das Strukturgefüge von 'verstädterter Region', Gesamtstadt, Teilraum, Bebauungseinheit und Gebäudetypus prägen und

welche Wirkung das jeweils vorhandene Strukturgeflecht seinerseits auf die Entwicklung hat.
Denn: wirtschaftliche Einflüsse von "außen" und lokale politische Entscheidungen treffen auf das sozialräumliche Gefüge der Stadt und werden in der Ausrichtung ihrer Aufnahme darin durch das Gefüge selbst geprägt. Vorbedingung, Ausdruck und Ergebnis dieser Aufnahme von neuen Einflüssen ist die Stadt.
Betrachten wir im Folgenden den Ablauf von zwei unterschiedlichen räumlichen Veränderungsprozessen, deren Ausgangsbedingungen und deren Ergebnisse sowie ihre Schnelligkeit, um die Rolle der physischen Substanz von Stadt innerhalb des Prozesses zu illustrieren.

a) Auffüllen gründerzeitlich angelegter Parzellen. (s. Abb. 1.)
Lage: Jenseits der äußeren Ringstraße, innerhalb eines Teilraumes, der von der frühen, gründerzeitlichen Ost-Erweiterung der Stadt Aachen durch ein strenges Erschließungsraster und geschlossene Blockbebauung geprägt ist.
Ausgangsbedingungen: Vorhandensein der Blockrandbebauung, Erweiterungsbedarf der Gebäude zu Wohn- und Gewerbezwecken.
Prozeß: Allmähliches Auffüllen rückwärtiger Grundflächen.
Schnelligkeit: Je nach Bedarf der Eigentümer und Nutzer: unmittelbar nach Erstellung der Hauptgebäude oder langfristig später, solange das Baurecht diese Art der Verdichtung zuläßt.
Ergebnis: Kontinuierliche Verdichtung unter Fortführung aller wesentlichen Merkmale der ursprünglichen Bebauungs- und Nutzungsstruktur (Parzellenbreite und -tiefe, Dominanz einer zum Straßenraum hin abgeschlossene privaten Nutzung, vertikale und horizontale Nutzungsmischung). Kleinteiliger, individueller Beitrag zur Verdichtung eines Stadtteilraumes ohne Veränderung innerer oder äußerer Erschließungswege, ohne verändernde Wirkung auf die Struktur der Gesamtstadt; Prozeß und Ergebnis sind der vorab genannten Kategorie feststellbarer Veränderungstatbestände 'Fortdauer der Bebauungsstruktur' zuzuordnen; da auch die Nutzungsstruktur ihre charakteristischen Merkmale behält, ist diese Art der Fortdauer zu unterscheiden von einer anderen, bei der die physische Substanz der Gebäude erhalten wird, die Nutzungsstruktur jedoch durch eine andere ersetzt wird (z.B. Aufhebung der Nutzungsmischung zugunsten einer Nutzung: Dienstleistung).

b) Ersatz der Bebauungs- und Nutzungsstrukturen eines mittelalterlich angelegten Bebauungszusammenhanges. (s. Abb. 2., 3.)
Lage: Innerhalb der inneren Ringstraße am Rande des unmittelbaren angrenzenden Stadtkerns mit ungebrochener Tradition von 'geistlicher und weltlicher Stadtmitte' (Dom, Rathaus, Zentrum von Handel und Dienstleistung)
Ausgangsbedingungen: Die Ausgangsbedingungen sind nur hinsichtlich unterschiedlicher, sich überlagernder Entwicklungsphasen zu definieren; folgende Phasen liegen zugrunde: mittelalterlicher Bebauungszusammenhang mit tiefen, landwirtschaftlich und kirchlich genutzten Parzellen im Bereich zwischen 2. und 3. Umwallung (heutiger innerer und äußerer Ringstraße). Zentrum der Kur- und Badestadt der vorindustriellen Zeit, unvollständig geschlossener Block/Kriegsschäden.
Prozeß: Beginn einer erheblichen Strukturveränderung mit Verlagerung der Hauptwegeverbindungen für den aufkommenden Autoverkehr ab 1950. Versetzen von Fluchtlinien zugunsten von Straßenverbreiterung, Abriß alter Gebäude, umfassende Neubebauung unter Einbeziehung der durch Kriegseinwirkung brachgefallenen Flächen.
Schnelligkeit: Allmähliche Veränderung der Funktion des Bebauungszusammenhanges bei Fortführung vorwiegend öffentlicher Nutzungen; langjährige allmähliche Veränderung der Hierarchie der Erschließungsstruktur; abrupte Veränderung in der Nachkriegszeit.
Ergebnis: Diskontinuierliche Verdichtung/ Strukturersatz. Veränderung folgender Strukturmerkmale: Fluchten, Parzellierung, Auflösung der Blockstruktur und 'rückwärtiger' Zonen, Verlust von Aufenthaltsqualitäten im öffentlichen Raum zugunsten der Dominanz des Verkehrs. Erheblich verändernde Auswirkungen infolge gesamtstädtischer Strukturveränderungen.

Die bisher betrachteten Beispiele zeigen die Gegensätze von geringfügiger und gravierender, allmählicher und abrupter, kleinteiliger und großräumiger Strukturveränderung. Beispiele für die Kategorie der 'Modifikation', die den Bereich zwischen den gezeigten Gegensätzen füllt, sind vielfältig. Es handelt sich meist um Übergänge von Fortdauer zu Ersatz von Strukturmerkmalen; Zeitpunkt und Schnelligkeit des Umschlagens in Strukturersatz ist abhängig von den einwirkenden Kräften.
Abschließend lassen sich folgende generelle Abhängigkeiten aufzeigen:

- Insgesamt und in all ihren strukturellen Bestandteilen ist die Stadt ein Produkt herrschender Kräfte von Vergangenheit und Gegenwart;
- als Produkt geistiger und technischer Einwirkungen ist die Stadt gleichermaßen materieller und immaterieller Rahmen für die in ihr stattfindenden Prozesse von wirtschaftlicher und gesellschaftlicher Produktion;
- als Rahmen für die Produktion ist die Stadt sowohl Gegenstand konfligierender Nutzungsansprüche als auch Trägerin gesellschaftlicher und kultureller Werte;
- als Trägerin gesellschaftlicher und kultureller Werte wirkt die Stadt aktiv ein auf die Veränderung gesellschaftlicher Werte und beeinflußt darüber auch die Veränderung von Produktionsbedingungen;
- als Wirkungsfaktor von Veränderungsprozessen ist die Stadt selbst eine verändernde Kraft.

Es wird deutlich, daß die Auslösung von Veränderungsprozessen prinzipiell in Ort und Zeit mit ihrer Umsetzung in die physische Substanz übereinstimmen kann, daß "auslösende Kraft" und "die Veränderung aufnehmende Situation" ebenfalls grundsätzlich identisch sein können. Abweichend von dieser prinzipiellen Möglichkeit gibt es für den Prozeß vom "Veränderungsimpuls" bis zu seiner Umsetzung die zeitliche Dimension der "Ungleichzeitigkeit", die auch mit einer Differenz in der räumlichen Dimension verbunden sein kann.
Die "Ungleichzeitigkeit" bezeichnet eine Verzögerung auf dem Weg vom "Impuls" bis zu seiner Umsetzung. Ist die Verzögerung zeitlich unbegrenzt, setzt der Veränderungsprozeß nicht ein.
Die "Hindernisse" zwischen "Impuls" und Umsetzung können vielfältiger Art sein; gleiches gilt auch für die "Aufnahmebereitschaft" für "Impulse".
Der Sinn dieser Überlegungen liegt darin, die Wirkungsfaktoren von Veränderungsprozessen zunächst prinzipiell einzugrenzen und darauf hinzuweisen, daß es neben immateriellen Faktoren (z.B. gesellschaftliche Werte), aber im Zusammenhang mit diesen, auch materielle Wirkungsanlässe gibt.
Der Frage, welcher Art diese sind und welche Kräfte einen Veränderungsprozeß in Gang setzen, soll im folgenden Abschnitt eine Betrachtung gewidmet sein.

4. FAKTOREN DER DURCHSETZUNG VON VERÄNDERUNGEN - "VERMITTELT WIRKENDE" KRÄFTE

Bei der Betrachtung von Veränderungsprozessen der Stadt, ihren Phänomenen und deren Herausbildung, sind Rückschlüsse möglich auf deren auslösende Faktoren, nicht jedoch eindeutig auf deren Ursachen, da diese im Zusammenwirken unterschiedlicher Faktoren liegen und der Wirkungsanteil einzelner Faktoren niemals eindeutig identifiziert werden könnte.

Wir schließen es aus diesem Grunde aus, den Ursachen nachzuspüren und konzentrieren uns auf das Verhältnis zwischen den jeweiligen Gegebenheiten und ihrer Umsetzung in Veränderung.

Dieses Verhältnis ist bestimmt durch
a) zeitunabhängig wirkende Faktoren:
    Topographie, naturräumliche Bedingungen
b) zeitabhängig wirkende Faktoren:
    die räumlich-bauliche Hülle von Nutzungen und Funktionen
c) die gesellschaftlichen Anforderungen, die zeitabhängig und aus der Situation heraus an Raum und Bebauung zum Zweck der Nutzung gestellt werden.

Dabei können wir den so unterschiedenen Wirkungsfaktoren innerhalb des Transformationsprozesses folgende Positionen zuordnen

- *Ausgangsbedingungen der Veränderung:*
  strukturelle Gegebenheiten der Raum gewordenen Geschichte und erfüllte/ nicht erfüllte gesellschaftliche Anforderungen
- *Veränderungsprozess:*
  strukturelle Gegebenheiten unter Einfluß noch nicht/ nicht mehr erfüllter gesellschaftlicher Anforderungen
- *Ergebnis der Veränderung:*
  strukturelle Gegebenheiten und vorübergehend erfüllte gesellschaftliche Anforderungen.

Will man das Verhältnis dieser Positionen zueinander und seine bestimmenden Kräfte in ihrer Abhängigkeit von Raum und Zeit verstehen, so muß man sehen, daß der Veränderungsprozess stark durch die vorab genannten strukturellen Gegebenheiten geprägt ist.

Die folgenden Ausführungen zu "Hindernissen" und "Aufnahmebereitschaft" von räumlich-baulicher Veränderung mögen diese These erläutern.

4.1 'Hindernisse':

Die Umsetzung eines 'Impulses' zur Veränderung findet nicht statt, weil
- *strukturelle Gegebenheiten* (mangelnde Verfügbarkeit geeigneter Flächen, Lagebedingungen, ungeeignete Parzellierung) *dies ausschließen, bzw. wirtschaftlich unrentabel erscheinen lassen*;
- *strukturelle Gegebenheiten dem aktuellen Bedarf entsprechen, bzw. keine Erneuerungsnotwendigkeit entsteht* (Funktionsgefüge und Bebauung haben gute Gebrauchsqualitäten, die Bausubstanz weist keine Mängel auf, die Gestalt harmoniert mit der Gebrauchsqualität);
- *strukturelle Gegebenheiten noch Raum bieten für die Aufnahme funktionaler und gestalterischer Ansprüche an eine Entwicklung* (Auffüllen von rückwärtigen Grundstücksflächen, Austausch von Nutzungen bei Erhaltung von Bebauungs- und Erschließungsstruktur sowie Nutzungsmischung nach Art und Charakter).

4.2 'Aufnahmebereitschaft':

Die Umsetzung eines 'Impulses' zur Veränderung findet statt, weil
- *strukturelle Gegebenheiten gute Voraussetzungen für die Aufnahme von Veränderungen bieten* (z.B. Brachflächen oder großflächige Parzellen innerhalb kleinteiliger Parzellierung mit Wirkung einer Angriffsfläche für rentabler erscheinende Nutzungen);
- *strukturelle Gegebenheiten als potentielle Hindernisse nicht anerkannt werden*
(z.B. kleinteilig parzellierte Bebauung schlechter Bausubstanz auf zusammenhängendem Grundbesitz in einer der Nutzung nicht entsprechenden Umgebung: Wohnsiedlung in Gemengelage oder Gewerbebetrieb in Wohnbereich...)
- *oder strukturelle Gegebenheiten als potentielle Hindernisse nicht vorhanden sind*
(mindergenutzte Flächen in attraktiven Lagen).

In allen genannten Fällen ist die Einschätzung der materiellen Gegebenheiten und ihrer Potentiale im Rahmen gesellschaftlich akzeptierter Werte von entscheidender Bedeutung für die Aufnahme/ Nichtaufnahme von Veränderungen im Raum.

Die vorgenommene grobe Katalogisierung von Wirkungszusammenhängen umfaßt im Ergebnis wiederum die Bandbreite möglicher räumlich-baulicher Veränderungen von Fortdauer bis Strukturersatz. Gleichermaßen zeigt sie, in welcher Weise strukturelle Gegebenheiten auf Veränderungsansprüche wirken: indem sie ihnen Angriffsfläche bieten (daraus folgt: Anpassung an...), indem sie sie auffangen, ohne ihren Charakter aufzugeben (daraus folgt: Integration von ...) und indem sie sie ausschließen (daraus folgt: Widerstand gegenüber...).

Zur Definition: Die Kategorien "Anpassung, Integration, Widerstand" erwecken den Eindruck von aktiven Verhaltensweisen mit der Wirkung von Eigenschaften; diese Wirkung ist jedoch nicht den strukturellen Gegebenheiten alleine zuzuschreiben, sondern entsteht im Wechselverhältnis zwischen Gegebenheiten und einwirkenden Kräften.

Diese Wirkung ist Ausdruck der wechselseitigen Beeinflussung von immateriellen und (vorab) materialisierten Kräften; das zugrunde liegende Zusammenspiel von Kräften soll "vermittelt wirkende Kräfte" genannt werden.

5. ZUR INTEGRATION VON VERÄNDERUNGEN IN BESTEHENDE STRUKTUREN

Die 'Integration' von Veränderungen in bestehende Strukturen ist eine Ausprägung von Transformation, die sowohl Erhaltung und Fortführung stadtstruktureller Identität zuläßt als auch erneuernden Kräften Raum gibt.

Will man diese Art der Veränderung bewerten, so muß man feststellen, daß sich eine eindeutig "positive" Perspektive nicht ohne weiteres ableiten läßt, weil sie möglicherweise dazu beiträgt, bewährte Gebrauchsqualitäten zunächst unmerklich durch andere Nutzungsstrukturen zu ersetzen und auf diese Weise u.U. auch identitätsbildende Merkmale der Stadtgestalt schleichend zu zerstören.

Ist eine Struktur Gegenstand der Integration von Veränderung, so ist sie auch Gegenstand 'gesellschaftlicher Akzeptanz', d.h. sie ist 'tragfähig'.

Diese Feststellungen geben jedoch noch keine Antwort auf die Frage, welche Art von Veränderung "positiv" wäre; denn diese Frage ist eng verknüpft mit der Frage, ob und in welchem Maß Veränderung überhaupt zu befürworten ist oder ob sie gar in viel stärkerem Maß und deutlich sichtbar erforderlich ist...

In Anbetracht der alltäglichen Realität funktionalen Wandels und seiner offensichtlichen Durchsetzungskräfte gibt es nur eine Antwort auf diese sehr generelle Frage: die Hoffnung, daß die treibenden Kräfte den Maßstab für

die 'Tragfähigkeit' von Wandel darin sehen, bewährte Qualitäten von Lebensraum zu schützen und/ oder neue Qualitäten zu schaffen. Dient Integration von Veränderung langfristig diesem Ziel, so ist sie positiv zu bewerten.
Wir sehen, die grundsätzlichen Überlegungen bieten wenig Hilfe; die Verträglichkeit von Veränderungen muß konkret bezogen auf Ort und Zeit beurteilt werden!
Und der Maßstab hierfür sollte entstehen, indem nicht außer Acht gelassen wird, daß die gesellschaftlich akzeptierten Maßstäbe hinterfragt werden können. Die Möglichkeit, neues Verständnis von "Tragfähigkeit" zu entwickeln, sollte offen bleiben.

6. ZU ENTSTEHUNG UND AKTUELLER BEDEUTUNG 'STÄDTEBAULICHER BRÜCHE'

Das Gegenstück zur 'Integration' von stadtstrukturellen Veränderungen ist der 'städtebauliche Bruch', d.h. das Nebeneinander unterschiedlicher Strukturen, der Einschnitt in gleichartige Strukturen oder der Ersatz alter Strukturen durch andersartige, neue.
'Alte' städtebauliche Brüche sind überwiegend Folgen von Stadterweiterungsprozessen und betreffen die succesive Herausbildung eines Nebeneinanders unterschiedlicher Nutzungs- und Bebauungszusammenhänge, z.T. auch deren Überlagerung. Städtebauliche Brüche der Nachkriegszeit (ab 1950) betreffen in erster Linie den Ersatz von Strukturen in innerstädtischen Bereichen, in zweiter Linie die Herausbildung neuer, meist monofunktionaler Strukturen in Stadtrandlage und damit eine tendenzielle Auflösung einer als Zusammenhang von Bebauung und Nutzungen erfahrbaren Gesamtstadt.
Folgende Beispiele aus dem Bereich der räumlich-baulichen Erfahrbarkeit von Stadt mögen dies erläutern:

6.1 Alte Brüche

6.1.1 Auf natürlichen Gegebenheiten (Topographie, Bachläufe) beruhende Brüche (s. Abb. 4.)
Merkmale von Struktur und Entwicklung:

Geländeversprung/Bachlauf: angrenzende, meist große Parzellen eingeschränkter Verwertbarkeit; Verrohrung des Bachlaufs bei Nutzungsintensivierung; Anlage von Straße über dem Bachlauf oder heterogene Bebauung mit gemischter oder gewerblicher Nutzung, Fortdauer der Parzellierung;
Eigenentwicklung/Einfluß von Planung:
Allmähliche Ausdehnung städtischer Nutzungen auf städtischem Boden ohne Berücksichtigung natürlicher Gegebenheiten; Dominanz der Bodenverwertung unter Ausnutzung städtischer Lagevorteile; starre formale Ordnungsraster mit dem Ziel optimaler Parzellierung, insbesondere in Gebieten gründerzeitlicher Erstentwicklung.
Die Vorzüge von Raumwirksamkeit und wirtschaftlicher Parzellierung dieses Ordnungsdenkens werden dort struktureller Konflikt, wo primäre Elemente anderer Struktursysteme (hier: natürliche Gegebenheiten) zeitunabhängig Dominanz beanspruchen.
Zustand heute:
Straßenausbau und/oder heterogene Bebauung sowie mindergenutzte Restflächen

6.1.2 Auf Einwirkung industrieller Entwicklung beruhende Brüche (s. Abb. 5.)

a) Expansion von Gewerbebetrieben in Wohnbereichsnähe
Merkmale von Struktur und Entwicklung:
Annäherung von Gewerbenutzung an Wohnnutzung durch Aufkauf ehemals landwirtschaftlich genutzter großflächiger Parzellen; heterogene Siedlungs- und Bebauungsstruktur.
Eigenentwicklung/Einfluß von Planung:
'Wildwuchs' der Siedlungsentwicklung unter Ausnutzung niedriger Bodenpreise und verfügbarer Arbeitskräfte; Ablösung landwirtschaftlicher durch gewerbliche Produktion; Verbesserung der Erreichbarkeit gewerblicher Betriebe durch Straßenausbau; Erweiterung des Infrastrukturangebotes für die wachsende Wohnbevölkerung durch öffentliche und private Einrichtungen der Versorgung; Mangel an Steuerung der schnellen Siedlungsentwicklung durch bereichsübergreifende Planung.

Zustand heute:
Nutzungskonflikte und Mangel an erfahrbaren Zusammenhängen von Raum und Bebauung; Standortnachteile sowohl für Gewerbe als auch für Wohnnutzung; hoher Anteil mindergenutzter Flächen, große Verluste natürlicher Ressourcen.

b) Anlage von Bahnlinien (s. Abb. 6.)
Merkmale von Struktur und Entwicklung:
Einschnitte in Naturraum und Siedlungsbereiche; Verbleiben von Restflächen seitlich der Gleisanlagen; Zuordnung von gewerblicher, Verwaltungs- oder Freiflächennutzung; Anlage von Wohngebäuden geringerer Qualität in Bausubstanz, Wohnungsgröße und -ausstattung.
Eigenentwicklung/Einfluß von Planung:
Der räumliche Konflikt zwischen staatlicher Bahnlinien- und örtlicher Stadtplanung wird nur da gelöst, wo Stadterweiterungsplanungen der Gründerzeit und nachfolgender Epochen die Stadtentwicklung in diesen Bereichen steuern. Beispiele einer städtebaulichen Integration der Einschnitte der Fachplanung in die örtliche Stadtentwicklung befinden sich vor allem in repräsentativen Lagen; aber auch dort verbleiben mindergenutzte Restflächen; Mängel der Lage werden selten durch Grünanlagen ausgeglichen; Nutzungen und Wohnbevölkerung wechseln; ein früher Verfall dieser Zonen ist vorbestimmt.
Zustand heute:
Zum Teil mindergenutzte Restflächen. Das Beispiel der Abb. 6. zeigt eine Verdichtung von der Nutzung und Bebauung für 1988 in dem stadteinwärts gelegenen Bereich (die Bahnlinie wirkt als "Grenze" nach außen).

6.1.3 Brüche infolge Stadterweiterung nach Schleifung alter Stadtmauern (s. Abb. 7.)
Merkmale von Struktur und Entwicklung:
Wirkung neu angelegter Ringstraßen als Barriere zwischen gründerzeitlicher Stadterweiterung und mittelalterlich geprägter, 'innen' gelegener Stadtstruktur; Aufeinanderstoßen der unterschiedlichen Strukturen im Bereich zwischen Ringstraße und auslaufender 'innen' gelegener Struktur: Dominanz gründerzeitlicher Bebauung mit breiten Parzellen gegenüber der ohnehin als 'minderwertig' geltenden mittelalterlich geprägten Bebauung in ehemaliger Lage "hinter der Mauer".
Eigenentwicklung/Einfluß der Planung:

Da die Aufmerksamkeit der gründerzeitlichen Planungen vor allem die Ringstraßen und die Stadterweiterungsgebiete betraf, wurden Auswirkungen auf bestehende Nutzungs- und Bebauungsstrukturen nicht berücksichtigt.
Zustand heute:
Der Charakter 'rückwärtiger', minderwertiger Bereiche prägt heute noch viele Lagen 'hinter' den Ringstraßen. Mindergenutzte Flächen, Trümmergrundstücke, Anlagen von Parkplätzen und Garagen sind Zeichen der eingeschränkten Verwertbarkeit der Grundstücke im 'Schatten' der ehemals repräsentativen Wohn- und Geschäftsbauten, die in großen Städten heute überwiegend tertiär genutzt werden. In Teilbereichen bestehen seit gründerzeitlicher Anlage der Ringstraßen öffentliche Grünanlagen dort, wo eine gründerzeitliche Straßenrandbebauung nicht entstanden ist.
Das Beispiel der Abb. 7. zeigt, daß die Verdichtung bis heute stärker "außerhalb" der Ringstraße ausgeprägt ist, aber auf den noch freien Flächen "innerhalb" potentiell auch zu erwarten ist.

6.2 Brüche aus der Nachkriegszeit

Städtebauliche Brüche, die in dieser Zeit enstanden, sind Folge eines Zerfallens der Stadt in funktionale Teilräume. Sie entsprechen sich in den *Merkmalen von Struktur und Entwicklung:*
Neuanlage oder Verbreiterung von Straßen ohne Berücksichtigung bestehender Fluchten, Ersatz kleinteiliger Parzellierung durch Zusammenlegen von Parzellen, Aufhebung vertikaler und horizontaler Nutzungsmischungen zugunsten monofunktionaler Strukturen, Auflösung der Blockstruktur zugunsten von reihen-, zeilen- oder punktförmiger Bebauung, z.T. in unmaßstäblicher Höhenentwicklung, mangelnde funktionale und gestalterische Anknüpfung an bestehende Siedlungs- und Bebauungsstrukturen bzw. Durchbruch von 'Achsen' der Verkehrsführung (s. Abb. 8) oft ohne Konzeption für verbleibende Restflächen, die zwar zu einer Straße hin orientiert sind, aber meist den Charakter von 'rückwärtigen' Bereichen behalten. Die genannten Entwicklungen und ihre Merkmale sind überwiegend unter dem Einfluß von Planung entstanden. Ihr heutiger Zustand ist weitgehend unverändert.
In Kombination und Überlagerung mit der ebenfalls fortbestehenden Wirkung 'alter Brüche' sind alle diese Raum gewordenen Nutzungs- und Gestaltkonflikte Ausdruck der Lebendigkeit von Stadt.

Man kann nicht sagen, daß es die 'Bruchzonen' sind, innerhalb derer sich Veränderung besonders deutlich abbildet: Bruchzonen sind in ihrer Dauerhaftigkeit kaum zu überbieten. Eine wesentliche Ursache dieser Dauerhaftigkeit liegt in dem erheblichen Aufwand an Investitionen, der notwendig wäre, um die bestehenden Nachteile von Lage und Verwertbarkeit städtebaulicher Bruchzonen aufzuheben. Der hohe Anteil solcher Brüche in unseren Städten, die zunehmende Nachfrage nach innerstädtischen Flächen für Wohnen, Handel und Dienstleistung und die Notwendigkeit, die Innenstädte in ihrer Qualität als Lebensräume zu verbessern, führt uns an die Frage heran, in welcher Weise gerade diese Bruchzonen als Flächenreserven einer Stadtentwicklung dienen können. Diese Frage ist eng verknüpft mit der Frage, ob städtebauliche Ordnungsvorstellungen, welcher Art auch immer, auf diese Zonen projiziert werden sollen, oder ob diese Zonen, ihrer Entwicklung überlassen, nicht wichtigere Funktionen für die Gesamtstadt übernehmen.

7. SCHLUSSFOLGERUNGEN FÜR AKTUELLE FRAGEN DER STADTENTWICKLUNG

Die mittels Stadtanalyse gewonnene Erfahrung, für jede Situation die räumlichen und zeitbedingten Merkmale ihrer Entwicklung bestimmen zu müssen, um sie innerhalb ihres historischen Kontextes verstehen zu können, hilft uns bei der Beschäftigung mit der Frage, welche Art von Veränderung unsere Städte vertragen.
Die Integration als Prinzip, der 'städtebauliche Bruch' als Ort notwendiger Eingriffe...?
Solche Art der Schlußfolgerung wäre arg verkürzt und würde den Anforderungen der Gegenwart an eine Bestimmung von Veränderungsnotwendigkeiten und -möglichkeiten nicht gerecht.
Nach grundsätzlichen Lösungen suchen zu wollen, ohne die Identität von Zeit und Raum zu berücksichtigen, hieße, genau diese Identität, der wir nachspüren und die wir fortführen wollen, auf's Spiel zu setzen.
Es bestünde die Gefahr, daß die Beurteilung einer Verträglichkeit funktionaler Anforderungen an eine Veränderung weniger als bisher die Situation selbst berücksichtigen würde, zumal aktuelle Anforderungen an Veränderung aufgrund der Technologieentwicklung sich in bestimmten Städten und in bestimmten Teilräumen darin zunehmend angleichen. Laufende Veränderungsprozesse, die internationale und nationale Bedeutung haben und

jetzt schon ihren Niederschlag in der Entwicklung ganzer Wirtschaftsräume und Regionen finden (Abbau von Kohleförderung und Stahlproduktion, Aufgabe der Landwirtschaft, zunehmende Tertiärisierung bestimmter, dafür attraktiver Räume) unterstützen den Prozeß der Angleichung von Raum und Stadtentwicklung im Rahmen der allgemeine Konkurrenz um Investitionen.
Wenn man einbezieht, daß Planung ohnehin nur geringe Möglichkeiten hat, wirtschaftliche Prozesse zu steuern, und wenn man die Gefahr zusätzlicher Identitätsverluste aufgrund prinzipieller Diskussion der Entwicklung von Bruchzonen und Reserveflächen sieht, dann ist es sinnvoll, die Frage nach der Entwicklung dieser Bereiche neu zu stellen.
Die Prämisse für diese Zieldiskussion wäre also: Die jeweiligen besonderen Ausgangsbedingungen für eine Entwicklung/Veränderung von Situationen sind zu bestimmen.
Die Fragestellung wäre:
Welche Art von Veränderung vertragen die festgestellten besonderen Bedingungen? Welcher Maßstab hat für die jeweilige Situation Gültigkeit? Wie ist dieser Maßstab mit den zeitbedingten Anforderungen an Strukturwandel vereinbar? Welche (politischen) Möglichkeiten gibt es, auftretende Differenzen zwischen zeitbedingten und situationsbezogenen, besonderen Anforderungen an eine Entwicklung von Teilräumen zur Deckung zu bringen?
Aus diesen Fragen ergibt sich ein neuer durchaus prinzipiell zu diskutierender Ansatz für die Beurteilung der Verträglichkeit von Veränderungen mit bestehenden Situationen.
Für die baulich-räumlichen Aspekte hieße das, daß nicht generelle Strukturelemente für eine 'Integration' von Veränderung zu suchen sind, sondern daß diejenigen Strukturelemente zu suchen sind, die sich am besten in die bestehende Situation integrieren lassen, ohne erkennbare Identitätsmerkmale in ihrer Wirkung zu schwächen. Dabei wäre jedoch auch denkbar, daß eine festgestellte Identität zu stärken ist durch Strukturelemente, die neu und andersartig sind und sich von bestehenden abheben, jedoch ohne Dominanz zu beanspruchen und auf diese Weise sozusagen durch kontrastierende Wirkung vorhandene Identitätsmerkmale hervorheben.
Der Maßstab hierfür kann nur noch im einzelnen bestimmt werden.

II. Abbildungen zum Beispiel der Stadt Aachen:

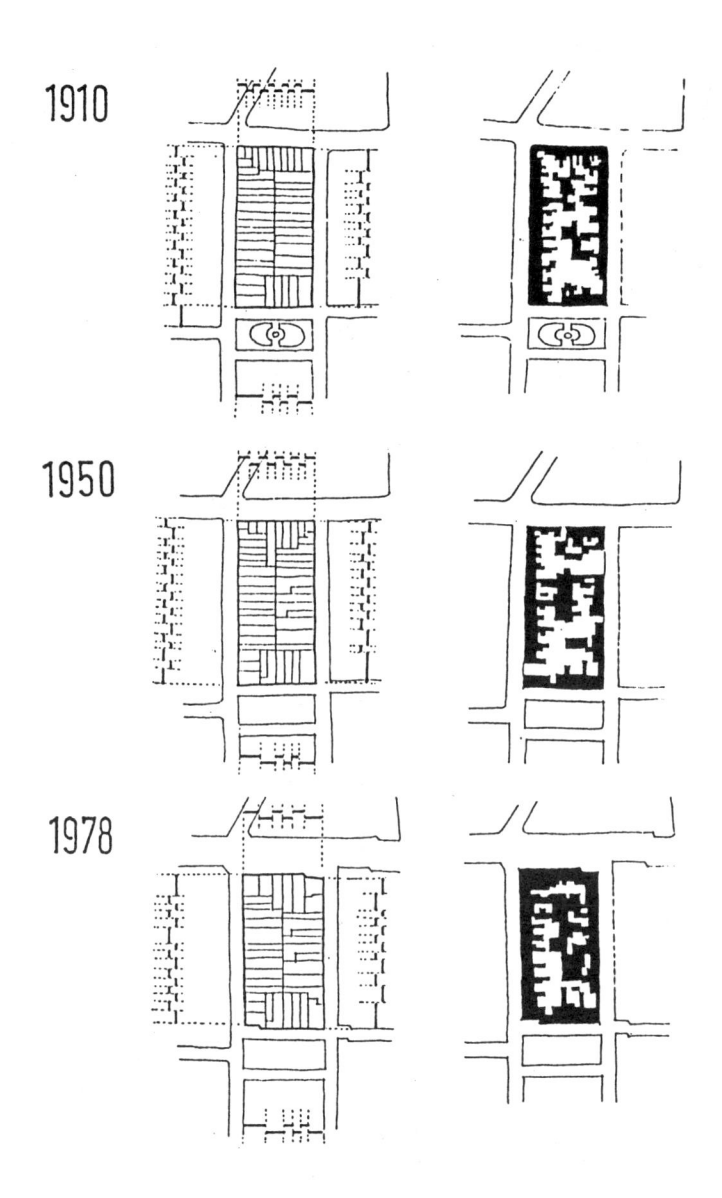

Abb. 1. Auffüllen gründerzeitlich angelegter Parzellen. Beispiel: Block Ottostr., Jülicher Str., Rudolfstr., Rehmplatz

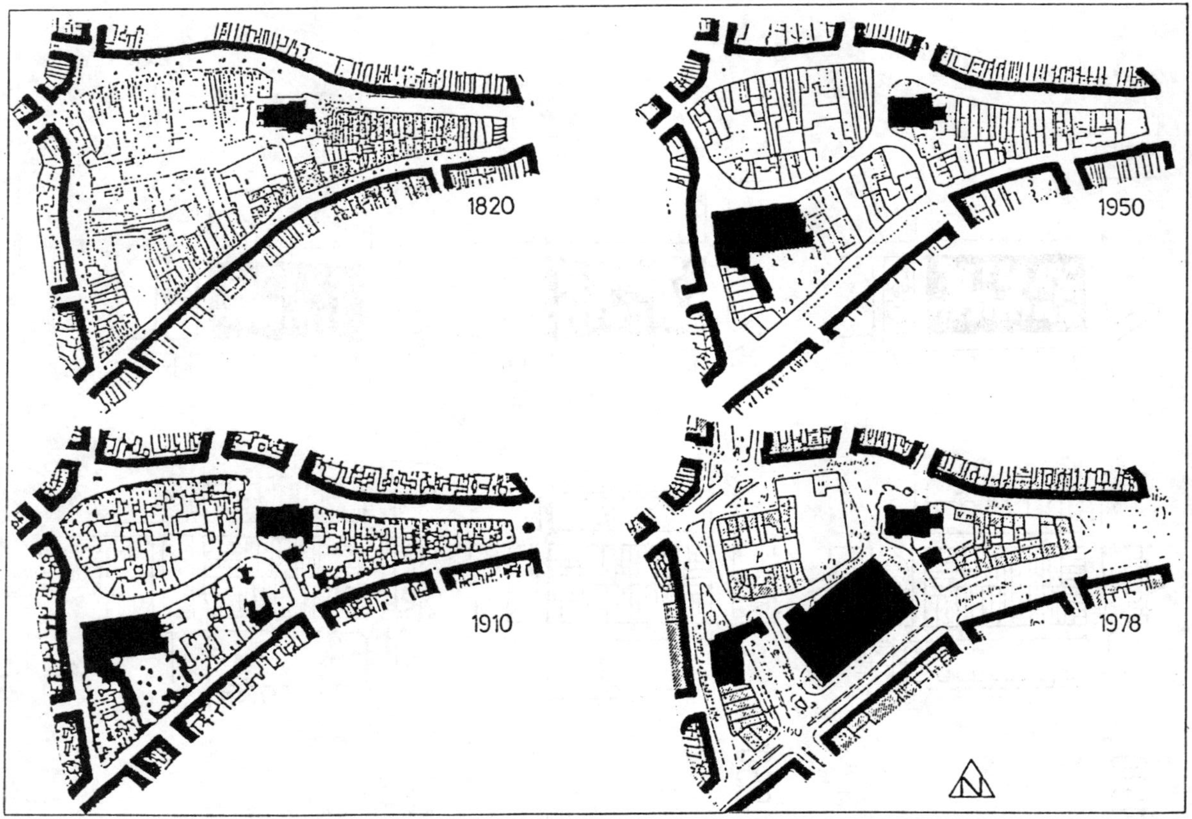

Abb. 2. Transformation eines mittelalterlich angelegten Bebauungszusammenhanges durch öffentliche Gebäude, Straßenverbreiterung und neuen Busbahnhof. Beispiel: Bereich Peter-, Alexanderstr.
■ Öffentliche Gebäude
— Grenze des Untersuchungsgebietes

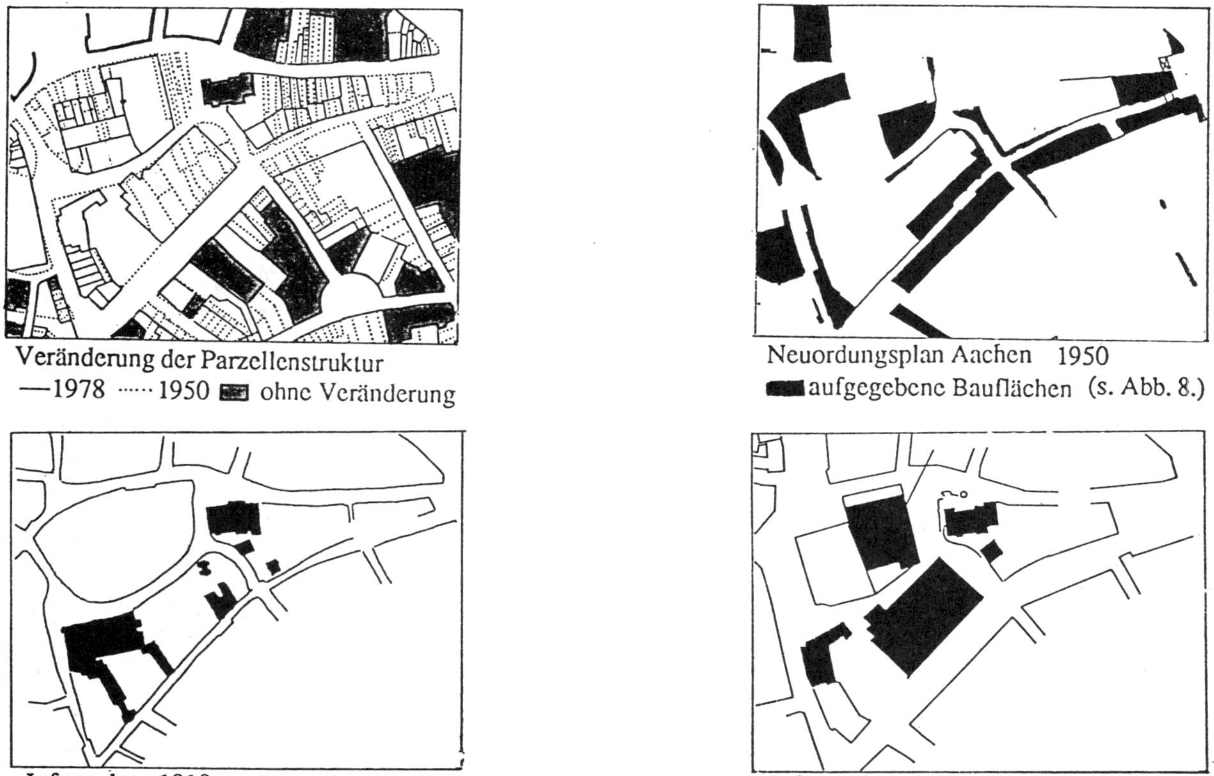

Neuordungsplan Aachen 1950
■ aufgegebene Bauflächen (s. Abb. 8.)

Infrastruktur 1980

Veränderung der Parzellenstruktur
—1978 ·····1950 ■ ohne Veränderung

Infrastuktur 1910

Abb. 3. Transformation eines mittelalterlich angelegten Bebauungszusammenhanges durch öffentliche Gebäude, Straßenverbreiterung und neuen Busbahnhof. Beispiel: Bereich Peter-, Alexander-, Komphausbadstr

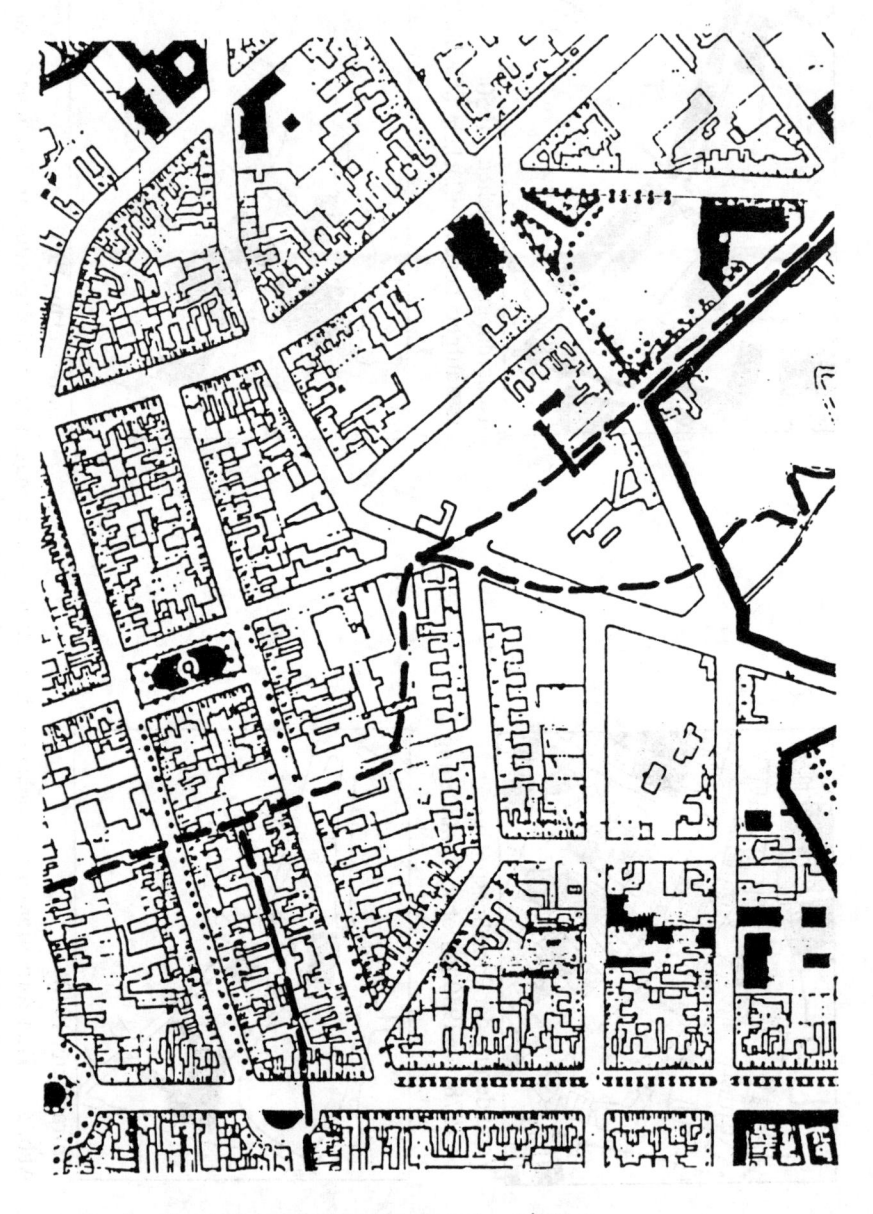

Abb. 4a. Östlicher Teil des Rehmviertels - 1910
— — Bachlauf (teilverrohrt)
——— Grenze des Untersuchungsgebietes

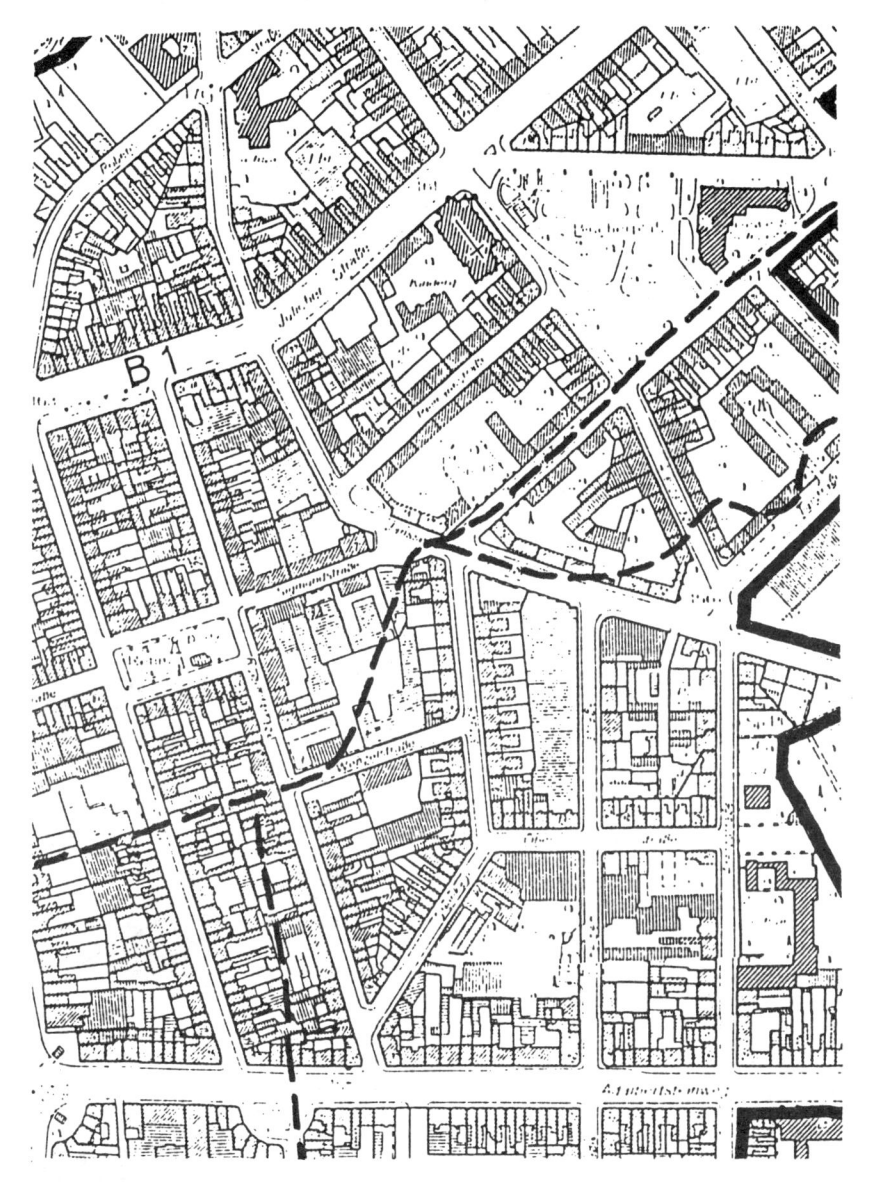

Abb. 4b. Östlicher Teil des Rehmviertels - 1978
    – – Bachlauf (verrohrt)
    ▬▬ Grenze des Untersuchungsgebietes

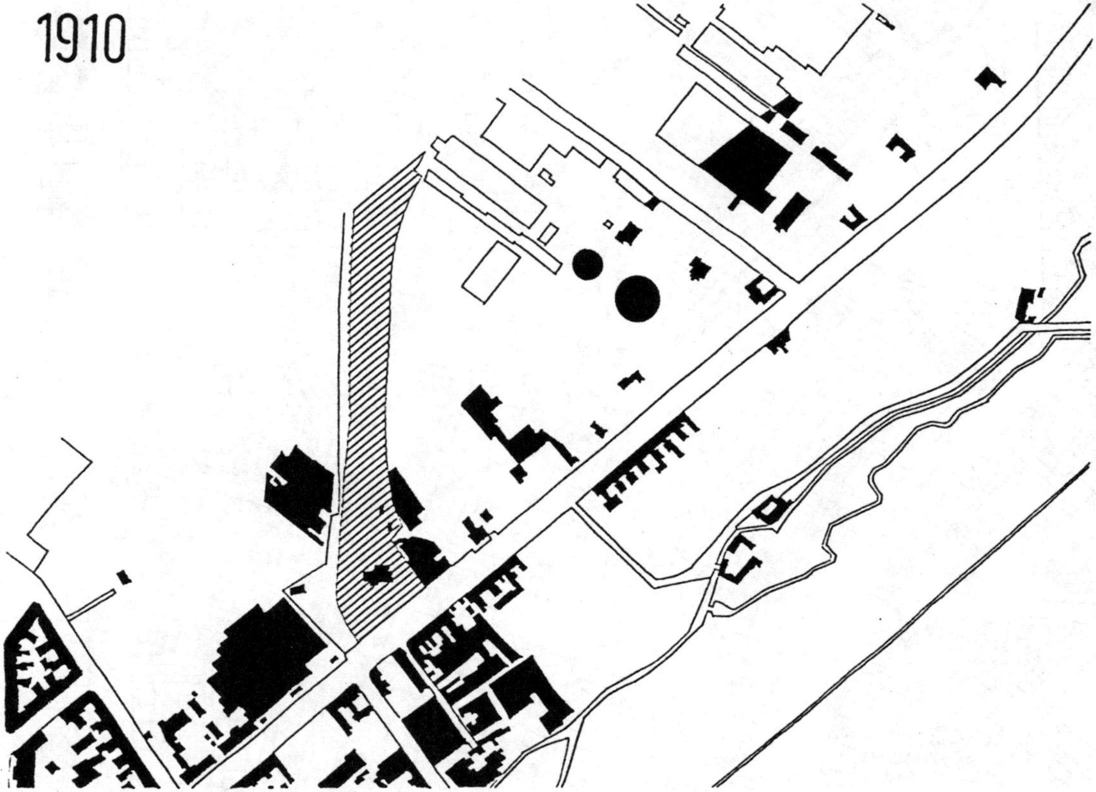

50

Abb. 5a. Bereich Jülicher Str. - 1910

Abb. 5b. Bereich Jülicher Str. - 1978

Parzellenstruktur

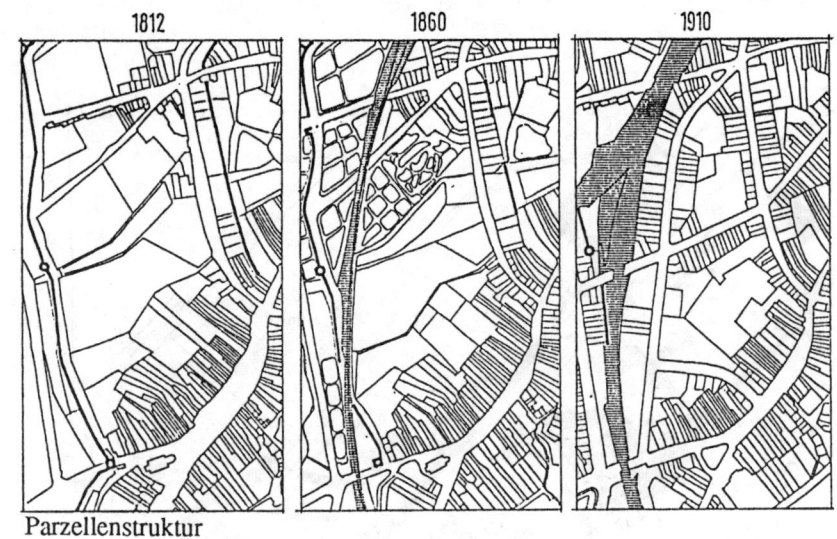

|||||||| Bahnlinie —o— zweite Stadtmauer

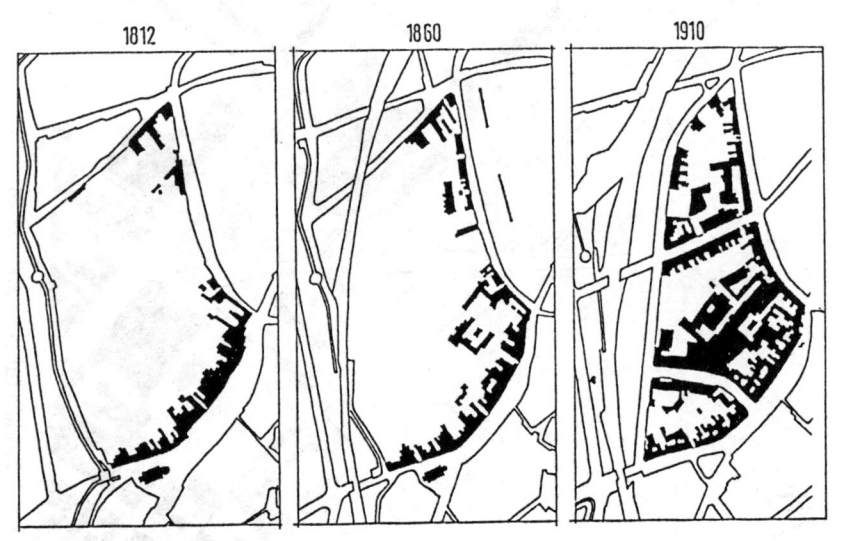

Bebauungsstruktur

Abb. 6a. Bereich Deliusstr., 1812 - 1910

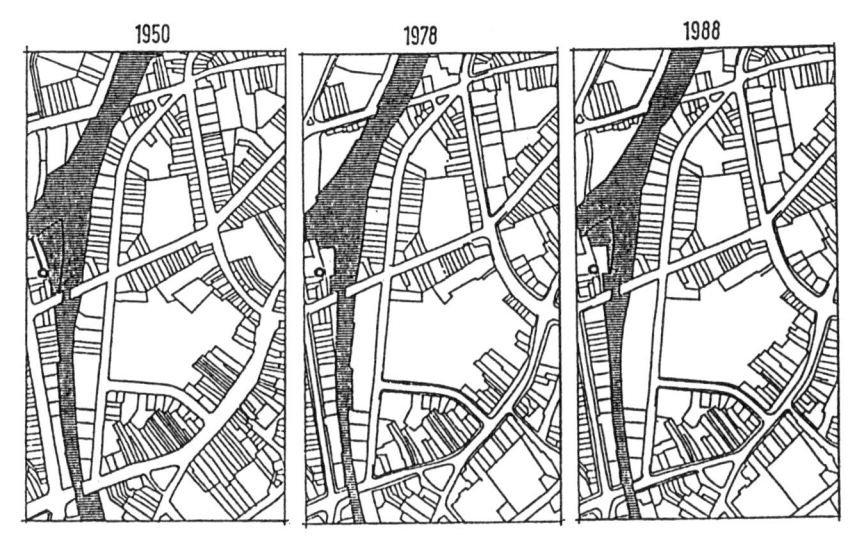

53

Parzellenstruktur
⬛ Bahnlinie —o— zweite Stadtmauer

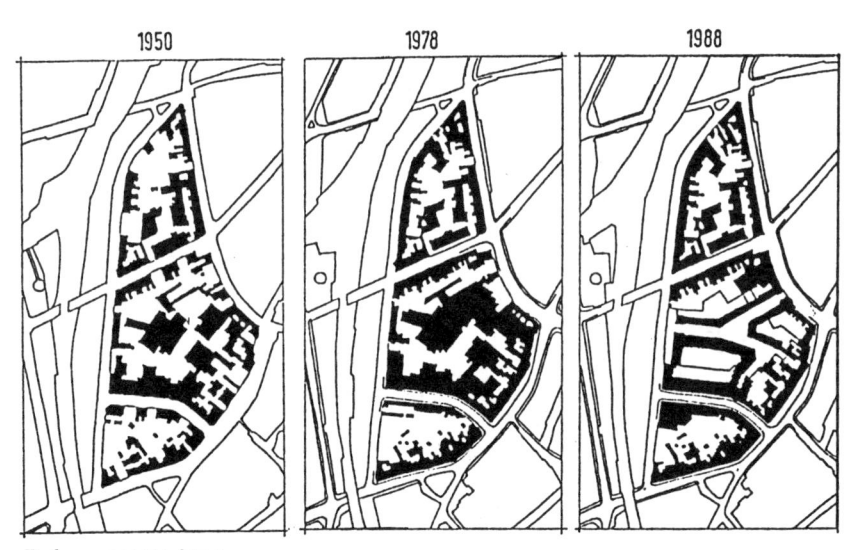

Bebauungsstruktur

Abb. 6b. Bereich Deliusstr., 1950 - 1988

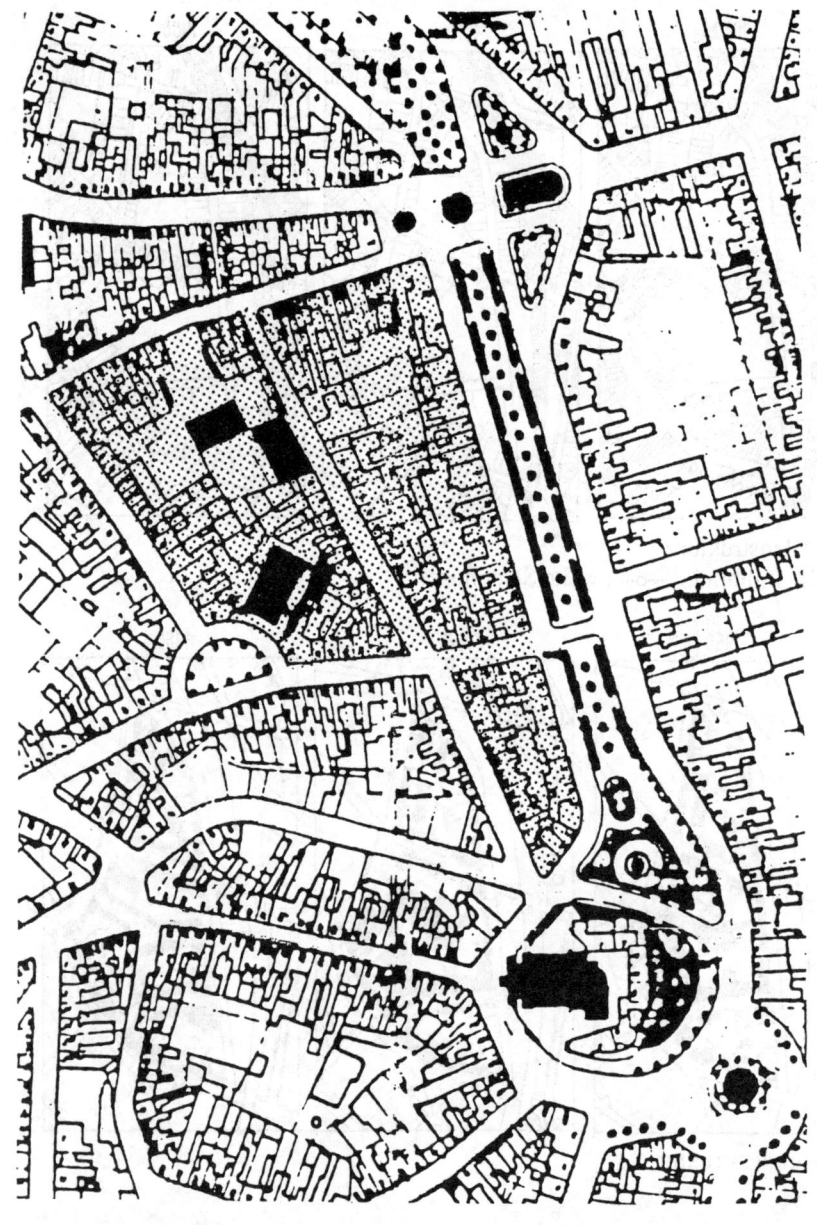

Abb. 7a. ▦ Bereich Heinrichsallee, Promenadenplatz, Jülicher Str.; 1910

Abb. 7b. Bereich Heinrichsallee, Promenadenplatz, Jülicher Str.; 1978
Ehemaliger Busbahnhof, heute Parkplatzfläche

Abb. 8. "Neuordnungsplan" der Stadt Aachen, 1950;
▬ Durch Straßenverbreiterung aufgegebene Bauflächen. Am Rande der neuen Straßen: Ersatz kleinteilig parzellierter Gebäude durch horizontal strukturierte, parzellenübergreifende Nachkriegsbauten.

H. Edler

III. MORPHOLOGISCHE BRÜCHE IN DER DUISBURGER STADTSTRUKTUR

Dargestellt und erläutert werden in meinem Statement städtebauliche Erscheinungsbilder in Duisburg, die durch eine radikale Umwandlung überkommener Bau- bzw. Nutzungsstrukturen oder andere Eingriffe in die Morphologie des Stadtkörpers "geplant" entstanden sind. Dabei qualifiziere ich solche morphologischen Brüche generell als "Störungen" im geomorphologischen oder bergtechnischen Sinne, also als etwas überwiegend Negatives, als Planungsfehler.

Ausgehend von der in der Themenvorgabe gestellten Frage: "Morphologische Brüche in der inneren Stadt, ein künftiges Planungsproblem?", will ich im folgenden auf die diese Frage implizierenden zwei Aspekte eingehen, nämlich
- die Verhinderung von morphologischen Brüchen,
- die Bewältigung vorhandener morphologischer Brüche.

Meine Betrachtungsweise wird überwiegend "grob-maßstäblich" sein.
Zu dem ersten Aspekt möchte ich feststellen, daß die künftige Verhinderung morphologischer Brüche in der Stadt Duisburg nicht unser Problem ist. Denn wenn auch in der Vergangenheit in der städtebaulichen Entwicklung Duisburgs eine Reihe solcher Brüche ex post festgestellt werden müssen und in jüngster Zeit auch vereinzelt entsprechendes Planungsgeschehen solche Brüche noch vertieft hat, so ist es doch heute nur schwer vorstellbar, daß sich ein Frankfurter Westend, um ein ganz extremes Beispiel anzusprechen, wiederholt. Wiederholen werden sich auch nicht die Planungsirrtümer bzw. -fehler, die ich jetzt aus Duisburg berichten will:
Da ist die in 1963 begonnene und heute noch nicht abgeschlossene Sanierung Neumühl, deren Planung auf einer Gesamtfläche von ca. 300 ha den Abbruch von 3.700 Wohneinheiten und den Neubau von 5.000 Wohneinheiten realisiert hat, bei der kleinteilige Baustrukturen durch Großstrukturen ersetzt worden sind nach einer Umplanung 1972 durch Herabzonung etwas abgemildert (Abb. 1 und 2) oder der Ende der 60er, Anfang der 70er Jahre vollzogene Einbruch mit bis zu 22-geschossiger Hochhausbebauung in die kleinteilige Baustruktur einer Bergarbeitersiedlung in Duisburg-Homberg (Abb. 3 und 4) oder der in den 60er Jahren aufgegebene, unmit-

telbar am Rhein gelegene dörfliche Siedlungsbereich Alsum, ein Beispiel für eine totale Verdrängung von Wohnnutzung durch die Großindustrie (Abb. 5,6 und 7).
Als Ursachen für diese Strukturbrüche sind hier anzuführen
- im Falle Neumühl der befürchtete katastrophale Niedergang eines ganzen Stadtteils in der Folge einer quasi über Nacht geschlossenen Zechenstillegung, von der mehr als 5.000 Bergarbeiterfamilien betroffen waren, den die Stadt durch Ankauf des gesamten Areals (für rd. 20 mio. DM) und durch eine Neubauplanung zum Ersatz der Zechenhäuser durch mehr- bzw. hochgeschossige Wohnbebauung mit einem eigenen Versorgungsschwerpunkt, durch Abbruch aller Betriebsgebäude der Zeche und Neuansiedlung von Gewerbe- und mittelständischen Industriebetrieben- nach "aktuellen" städtebaulichen Leitbildern eingeleitet hatte,
- im Falle Homberg das erfolgreiche Auftreten einer starken Investorengruppe, das auf ein schwaches wirtschaftliches Interesse des Eigentümers am Erhalt der Zechensiedlung stieß und begünstigt wurde durch eine Stadtplanung, die hier das neue städtebauliche Leitbild der Verdichtung und Konzentration von Wohnbebauung und Versorgungsinfrastruktur gestalten wollte,
- im Falle Alsum das "erdrückende" Gewicht der Großindustrie bei der Verfolgung ihrer Expansionsabsichten.

In der Morphologie der vorhandenen Baustrukturen begründete Ursachen, wonach die Themenstellung u.a. fragt, sind bei diesen Beispielen weder erkennbar noch nachzuweisen. Wie ich ganz generell sagen muß, daß mir bei der Aufarbeitung der Problemstellung "morphologische Brüche" kein Fall aus der Duisburger Stadtentwicklung aufgefallen ist, für den ich die zu diesem Thema gestellten Fragen, wie
- Welche Bau- und Nutzungsstrukturen bewirken Stabilität, welche sind Basis für Veränderungen?
- Setzen homogene Bebauungsstrukturen und eindeutige Anordnungen den Wandlungstendenzen Grenzen?
- Gibt es Anordnungsformen/ baustrukturelle Grundelemente, die funktionalen Wandel integrieren?
- Welche Eigenschaften der Bau- und Nutzungsstrukturen begünstigen Anpassung an/ Widerstand gegenüber Funktionswandel?

in der Ursachenanalyse für relevant ansehen würde.
Vor 20 Jahren - so alt ist inzwischen fast das Siedlungsschwerpunkte-Konzept des damaligen regionalen Planungsinstituts SiedlungsVerband-Ruhr - schien es keine gegen baustrukturelle bzw. nutzungsmäßige Verän-

derungen resistenten morphologischen Stadtstrukturen zu geben - von baugeschichtlich bedeutsamen Beispielen wie der Siedlung "Margarethenhöhe" in Essen einmal abgesehen. Und heute erweisen sich in nahezu allen Fällen die bestehenden Baustrukturen resistent gegen Veränderungen. Homogenität, Anordnung der Baukörper u.ä. Kriterien spielen dabei keine sichtbare Rolle; billiges Wohnen, Erhalt des Stadtbildes, Denkmalschutz eine desto größere.

Die Faktoren, die die Veränderbarkeit von Baustrukturen bzw. Nutzungen vorwiegend bestimmt haben, sind in der Vergangenheit gewesen
- wirtschaftliche Interessen
- gesellschaftliche Machtpositionen
- Planungsideologien, insbesondere solche mit behaupteten Wohlfahrtswirkungen (z.B. autogerechte Stadt, Optimierung der Versorgungskonzepte).

Das lassen auch die folgenden drei Beispiele erkennen:
- Der Fall Essenberg/Sachtleben, wo ein altes Rhein-Fischerdorf von einem expandierenden Chemie-Unternehmen nach und nach eingekreist und schrittweise in seinem Bestand immer weiter zurückgedrängt worden ist (Abb. 8 und 9)
- Der Fall Beck/König-Brauerei, wo die Standortkonsistenz eines Industrie-Unternehmens sich durchgesetzt hat gegen etablierte Wohnnutzung und Infrastruktureinrichtungen, indem dem Expansionsdruck des Betriebes mehrere Baublöcke und zwei Schulen weichen mußten (Abb. 10, 11 und 12)
- Der Fall Kaiserberg, wo die Vermarktung von ihren Besitzern aufgegebener großer Villengrundstücke in der Toplage für Wohnen in Duisburg zunächst eine Punkthochhaus-Bebauung, dann eine Reiheneigenheim-Bebauung auf Kleinstparzellen hervorbrachte (Abb. 13 und 14).

Ich möchte hier gleich noch ein Beispiel anfügen, bei dem eine durchgreifende Strukturveränderung im Sinne eines morphologischen Bruchs beabsichtigt war, aber nicht durchgesetzt worden ist: den Fall Hüttenheim. Für eine aus den Jahren vor dem ersten Weltkrieg errichtete Werkssiedlung mit 532 Wohneinheiten, unmittelbar neben emittierenden Anlagen eines großen Stahlwerks gelegen, die einen hohen Wohnungsleerstand aufwies, ansonsten ausnahmslos von ausländischen Mitbürgern bezogen war, hatte der Eigentümer mit der Begründung eines mit vertretbarem Aufwand nicht zu beseitigenden baulichen Mißstandes der Häuser die Abbruchgenehmigung beantragt. Anstelle der Wohnhäuser wollte er ein Stahl-Forschungs-Institut errichten. Das Vorhaben scheiterte, weil der Eigentümer an der Errichtung des geplanten Forschungsinstituts offensichtlich selbst nicht mehr ernsthaft interessiert war, sich für die gesamte Siedlung eine Vermarktungschance ergab (Erwerb durch eine süddeutsche Immobiliengesellschaft und Zusage von Landesmitteln für die Modernisierung) und weil sich ein starkes öffentliches Intersse an einem Erhalt und der Instandsetzung der Siedlung artikulierte (Abb. 15).

Ich hatte eingangs als zweiten Aspekt der thematisierenden Fragestellung die Bewältigung von morphologischen Brüchen in der Stadtstruktur genannt. Dazu möchte ich folgendes ausführen: Die Zeit für größere strukturelle Umbrüche im Städtebau scheint allgemein und für Duisburg mit seiner sehr ungünstigen Finanzlage im besonderen vorbei. Nicht die bestehenden morphologischen Brüche zu heilen, hat die Stadtplanung und Stadtentwicklung der nächsten Jahre im Visier, sondern städtebauliche und stadtfunktionale Unverträglichkeiten zu beseitigen oder zu mildern wie das unmittelbare Nebeneinander von Industrie und Wohnen (Beispiele Hochfeld, Bruchhausen Abb. 16 und 17), wie die Vergewaltigung von Siedlungsbereichen durch überörtliche Verkehrsstrassen (Beispiele A 59 in Meiderich, Wanheimerort, A 2 in Essenberg Abb. 18, 19 und 20), wie die absehbare Entleerung und Entwertung von gestörten Siedlungsbereichen, wie die häufig zufällig erscheinende Anordnung von Gebäuden, Straßen und Grünbereichen.

Wer Duisburg ein bißchen sorgfältiger in Augenschein nimmt, gewinnt schnell den Eindruck, daß hier Stadtgestalt und Stadtfunktion nie nach einem halbwegs geschlossenen oder umfassenden Konzept geplant worden ist, auch nicht an seinen zweifellos vorhandenen "schönen Ecken". Das hat auch die Stadtgeschichte aufgezeichnet, ich zitiere: "... So wurden in die Feldmark (Hochfeld) viele Häuser planlos hineingesetzt, die später einer vernünftigen Straßenführung im Wege standen. Als man den Fehler gutzumachen versuchte und 1964 auch für Außenbezirke einen Bebauungsplan ausarbeiten ließ, war es zu spät. Der Bürgermeister selber mußte 1987 "schreiendste Mißstände" in der Bebauung der Feldmark zugeben. Grünanlagen, die für Hochfeld vorgesehen waren, fielen, noch ehe sie ausgeführt waren, dem Ausdehungsdrang der Fabriken zum Opfer. Ähnlich ging es dem durch die Nähe des Waldes zum Wohnviertel besonders geeigneten Neudorf...Fabrikanlagen entstanden zwischen Wohnhäusern..., und durch Eisenbahndämme wurde es fast völlig von der Stadt getrennt. Die ermüdende Einförmigkeit seiner Straßen findet in dem gleichfalls damals entstandenen Wanheimerort eine unerfreuliche Parallele... Schon damals zogen manche wohlhabende Leute, deren Erwerbsquelle Duisburg war, es

vor, außerhalb ihren Wohnsitz zu nehmen, und zwar gewöhnlich in Düsseldorf... Diese Tatsache kann dem völligen Versagen einer befriedigenden, weitsichtigen Stadtplanung zweifellos mit zur Last gelegt werden... Die Verwaltung ließ den Bau industrieller Anlagen leider an jeder beliebigen Stelle zu, und so entwickelte sich ein Stadtbild, das, gelinde gesagt, von vielen versäumten Gelegenheiten Zeugnis ablegte und das erst in jüngster Zeit aus verschiedenen Ursachen teilweise korrigiert werden konnte...".[1]
Auch der Wiederaufbau der teilweise stark zerstörten Stadt läßt an vielen Stellen erkennen, daß städtebaulich-konzeptionelles Planen unter Berücksichtigung der funktionellen Bezüge hier nicht seine Heimat gehabt hat. So blieb der Hauptbahnhof "vor der Stadt", das Rathaus und der "große evangelische Dom" (die zu Anfang des 15. Jahrhunderts erbaute Salvatorkirche) "im Abseits" und der größte Binnenhafen der Welt ein Fremdkörper der Stadt.
Ich möchte zum Schluß nun doch noch kurz auf drei Beispiele eingehen, die dem Aspekt Bewältigung von morphologischen Brüchen zuzuordnen sind.
Zum ersten die m.E. nicht nur architektonisch, sondern auch städtebaulich gelungene Umwandlung eines von einem großen Mühlenbetrieb besetzten Baublocks in ein Wohngebiet im Stadtteil Homberg, nachdem der Betrieb stillgelegt worden war. Hier hatte ein privater Investor nach Erwerb und Abriß der Mühlengebäude mehrgeschossige Wohnbebauung geplant, die nach Errichtung eines ersten Bauabschnitts auf Intervention des dieses Vorhaben fördernden Ministeriums für Stadtentwicklung, Wohnen und Verkehr auf der Grundlage der Ergebnisse eines beschränkten Wettbewerbs umgeplant wurde und nun auch so ausgeführt wird. Beachtenswert ist hier nicht nur die attraktive bauliche Gestaltung des Komplexes, die an dem Planungsgrundriss ablesbar ist, sondern auch seine mit der aufgehobenen Blockumfahrung erreichte Anbindung an das nördlich anschließende Wohngebiet (Abb. 21 und 22).
Zum zweiten die häßliche west-südliche Flanke der erweiterten Innenstadt der Bereich Marientor/Dellviertel -als Beispiel für eine nur schwer zu mildernde Stadtzerstörung durch einen städtischen Autobahnzubringer. Von aufgeständerten Verkehrsbauten und starken Verkehrsströmen hart bedrängt, bietet dieser "Eingangsbereich" der Innenstadt mit den an seinen äußeren Rändern zufälligen und ohne "Gegenüber" gebauten Strukturen einen unübersehbaren morphologischen Bruch, der bereits in der städtebaulichen Entwicklung des vergangenen Jahrhunderts mit der hier als Grenze der Stadterweiterung verlaufenden Cöln-Mindener-Hafenbahn angelegt

schien. Die von Westen bis an diesen Bereich heranreichenden ungeordneten Bau- und Nutzungsstrukturen Hochfelds der alten Feldmark (Stadtwerke-Kraftwerk und Hauptverwaltung, Kleingewerbe, Wohnbebauung und Duisburgs "sündige Meile") erschweren seine vernünftige städtebauliche Aufwertung, von ihnen springen auch negative Effekte auf den westlichen Innenstadtbereich über, der bereits Merkmale eines Niedergangsgebietes erkennen läßt (Abb. 23 und 24). Eine städtebauliche Rahmenplanung, die jetzt von der Verwaltung in Angriff genommen worden ist, soll aufzeigen, mit welchen Maßnahmen eine Neuordnung und Stabilisierung dieses Bereichs erreicht werden kann.

Mein letztes Beispiel trage ich eigentlich mehr als eine Frage an das Auditorium vor, auf die vielleicht in der Diskussion eine Antwort gegeben werden kann:

Ist die Duisburger Hauptgeschäftsstraße, die Königstraße durch einen morphologischen Bruch gekennzeichnet und sind, wenn ja, die geplanten und zu einem großen Teil bereits ausgeführten baulich-gestalterischen Maßnahmen dazu angetan, diesen Strukturbruch zu beseitigen? Dazu einige Informationen zur Situation: Aus der rund 800 m langen und 25 30 m breiten Straße, die mit Ausnahme des westlichen und östlichen "Endstückes" nur auf ihrer Südseite mit Einzelhandelsgeschäften besetzt ist, ist der Autoverkehr herausgenommen worden, die hier noch verkehrenden Straßenbahnen werden demnächst in den bereits fertigen Tunnelbauwerken des Stadtbahnnetzes verschwinden. Die Straßennordseite ist mit Bankgebäuden, dem Land- und Amtsgericht, der Stadthalle und Grünflächen bestückt. Von den Anschlußbereichen hat sich nur der südliche zu einem Geschäftsbereich entwickelt. Die Einkaufsstraße soll Alleecharakter erhalten und mit Ruhe- und Spielzonen ausgestaltet werden.

Und noch einmal die Frage: Werden diese Gestaltungsmaßnahmen ausreichen, diese ganz und gar untypische wichtigste Einkaufsstraße Duisburgs zu stabilisieren?

1   Günter von Roden: Geschichte der Stadt Duisburg - Das alte Duisburg von den Anfängen bis 1904, Duisburg 1984.

III. Abbildungen zum Beispiel der Stadt Duisburg:

Abb. 1. Sanierungsgebiet Neumühl vor Durchführung der Sanierung (Teilfläche)

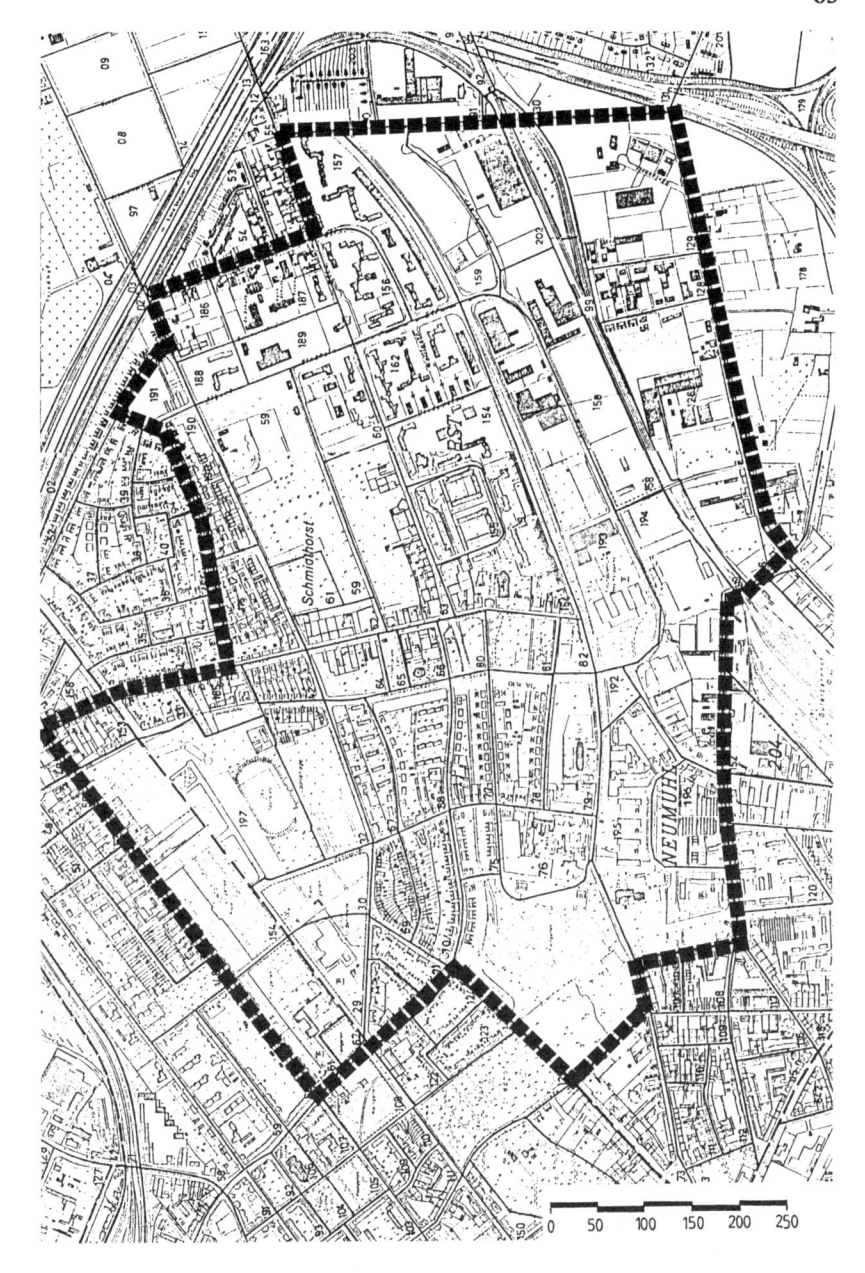

Abb. 2. Sanierungsgebiet Neumühl nach Durchführung der Sanierung (Teilfläche)

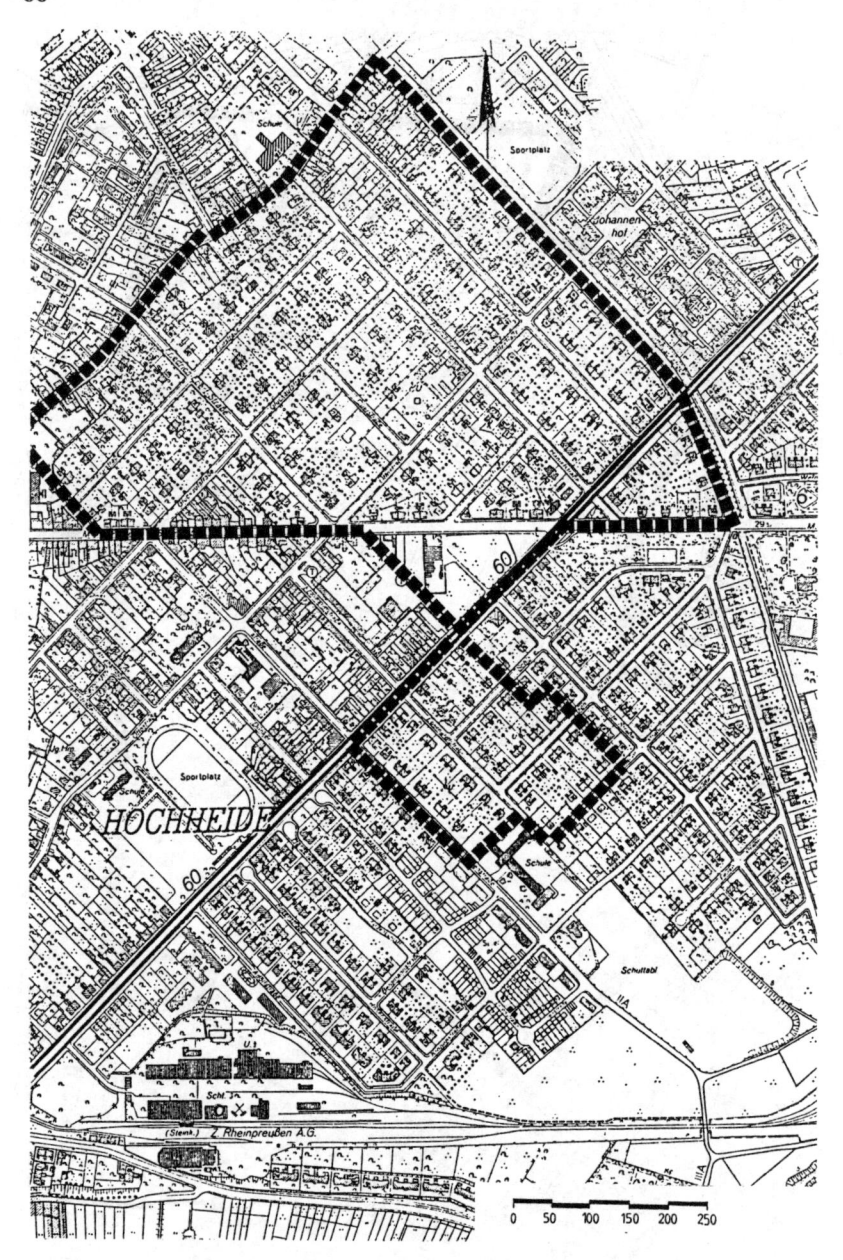

Abb. 3. Zechenhaus-Siedlung Rheinpreussen vor der Sanierung

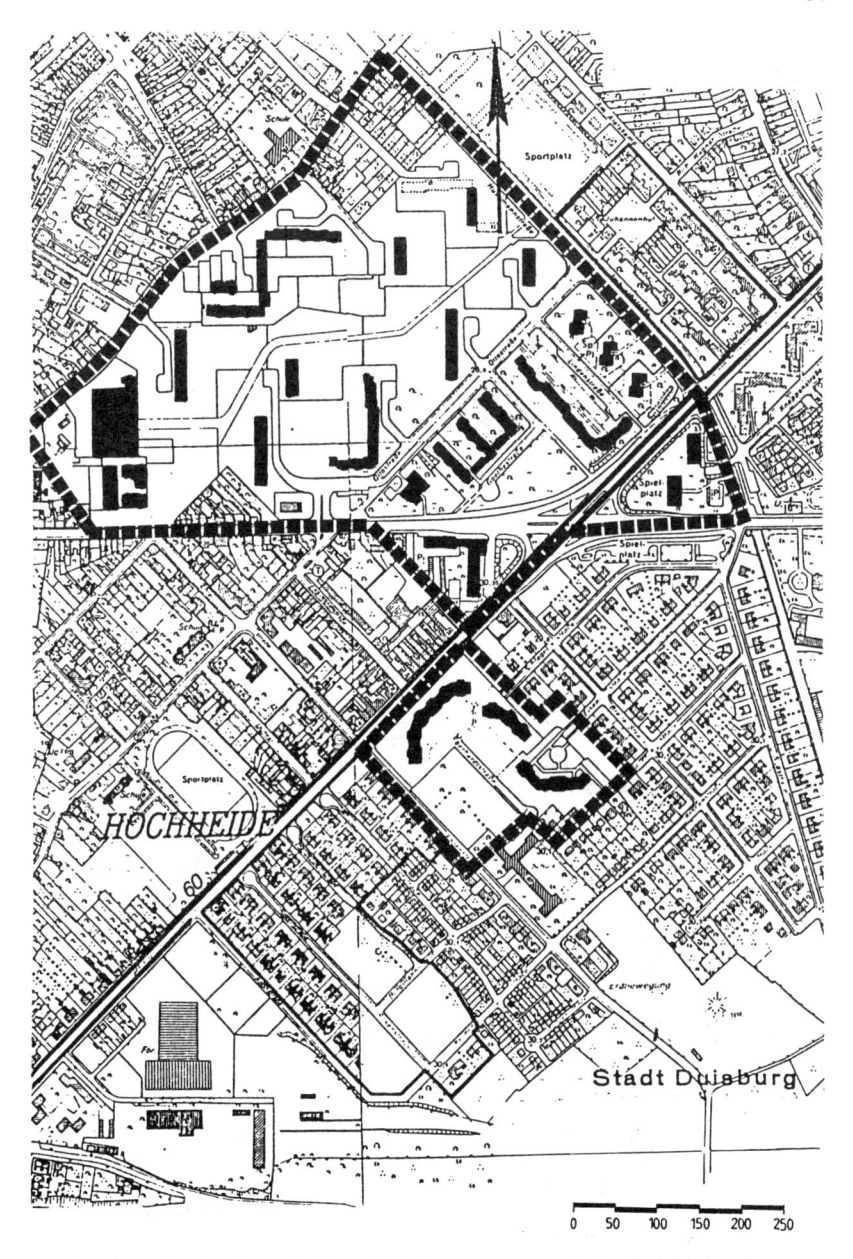

Abb. 4. Zechenhaussiedlung Rheinpreussen nach der "Teil"-Sanierung

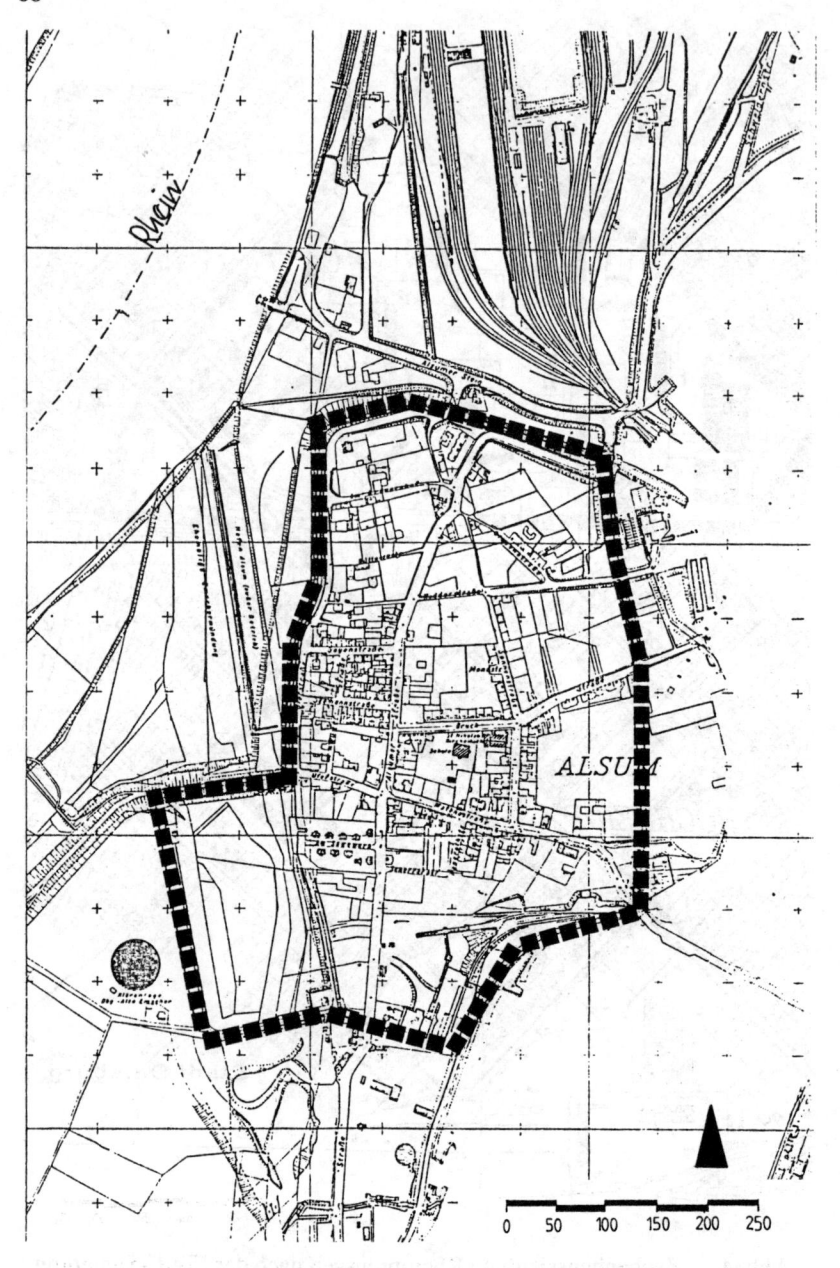

Abb. 5. Ortsteil DU-Alsum vor der industriellen Expansion

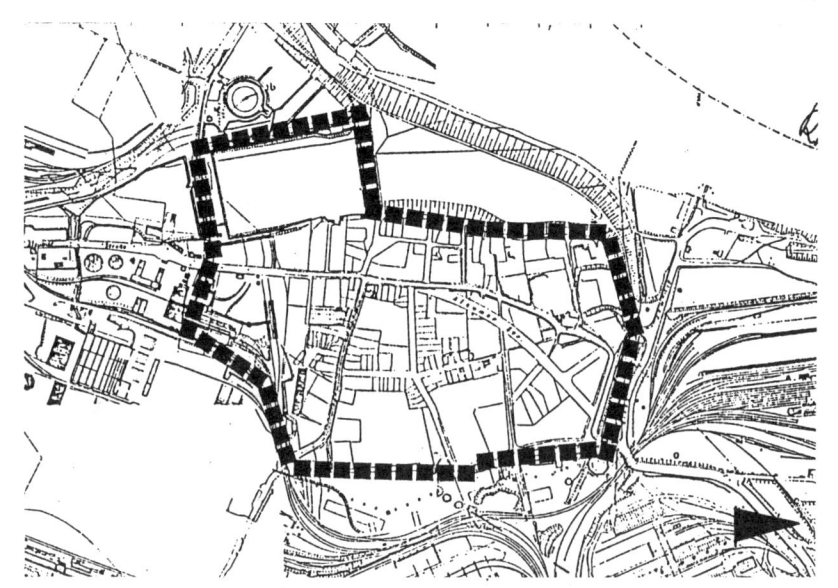

Abb. 6. Ortsteil DU-Alsum nach der Aufgabe der Wohnnutzung

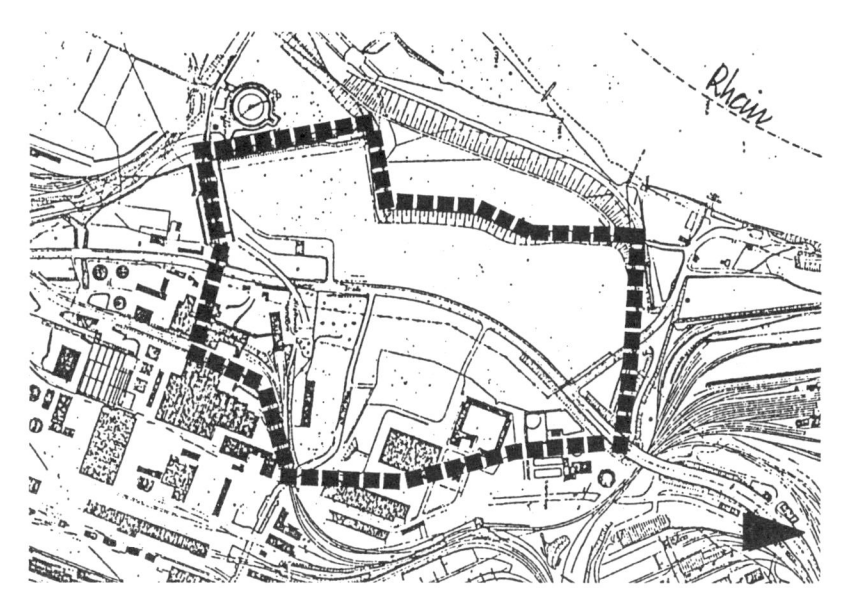

Abb. 7. "Industriegebiet" DU-Alsum

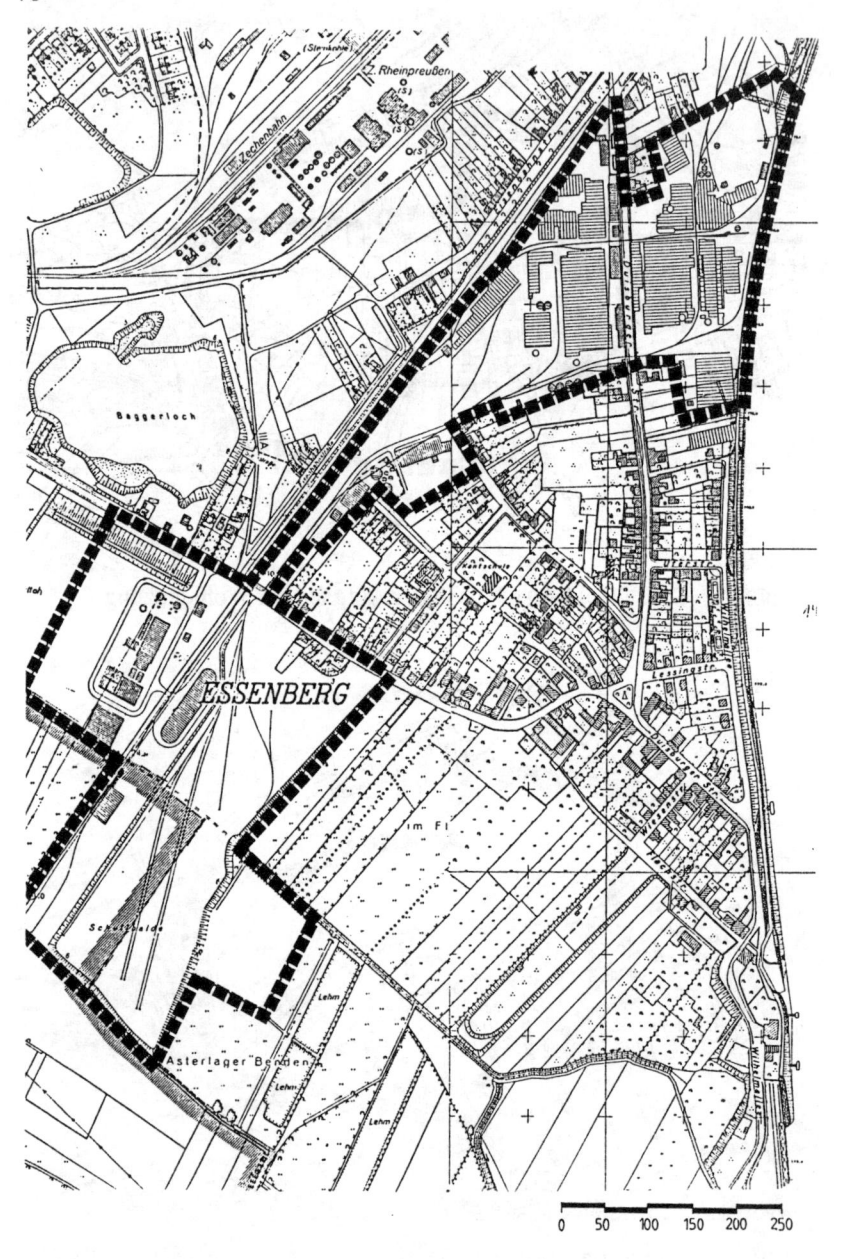

Abb. 8.   Industriegebiet der Fa. Sachtleben-Chemie früher

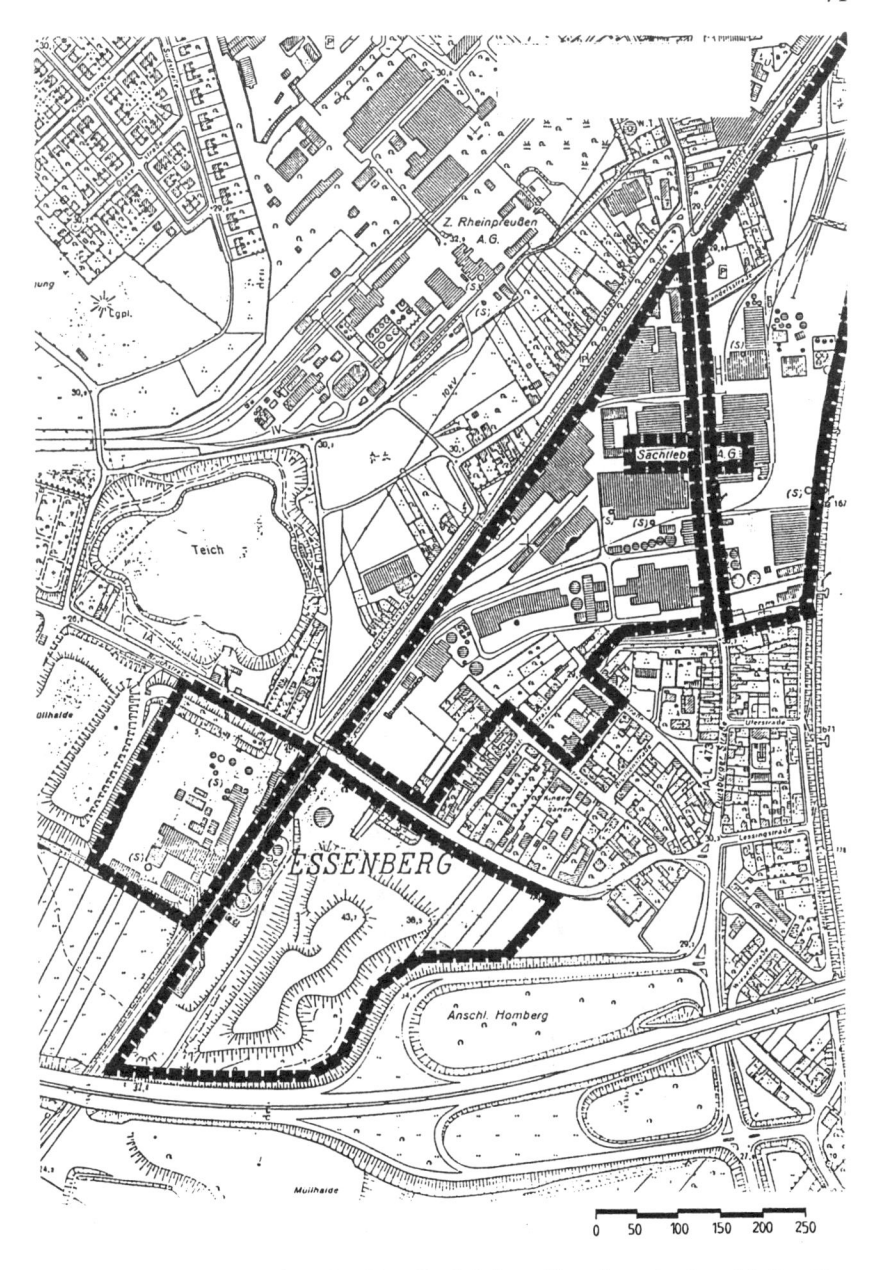

Abb. 9. Industriegebiet der Fa. Sachtleben-Chemie mit Anschlußstelle Homberg der A 2 heute

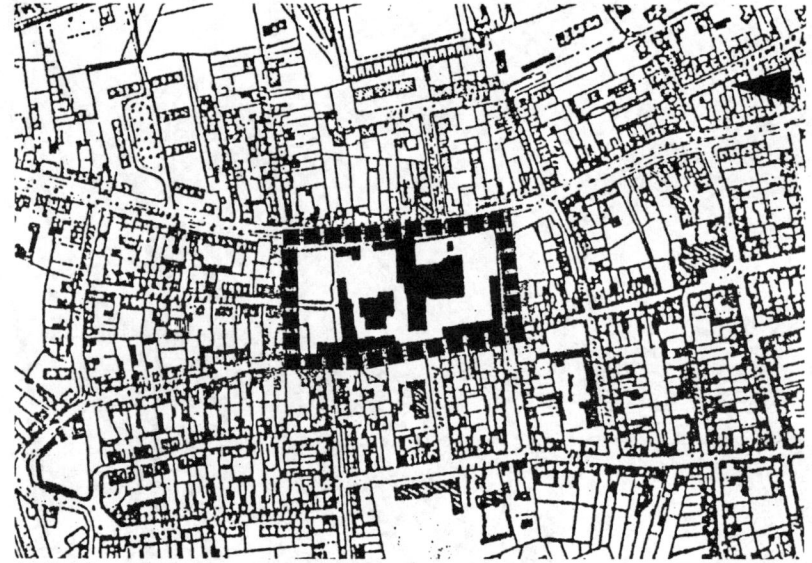

Abb. 10. Schrittweise Erweiterung der Firma König-Brauerei unter Verdrängung der Wohnbebauung und Wohn-Folgeeinrichtungen (I)

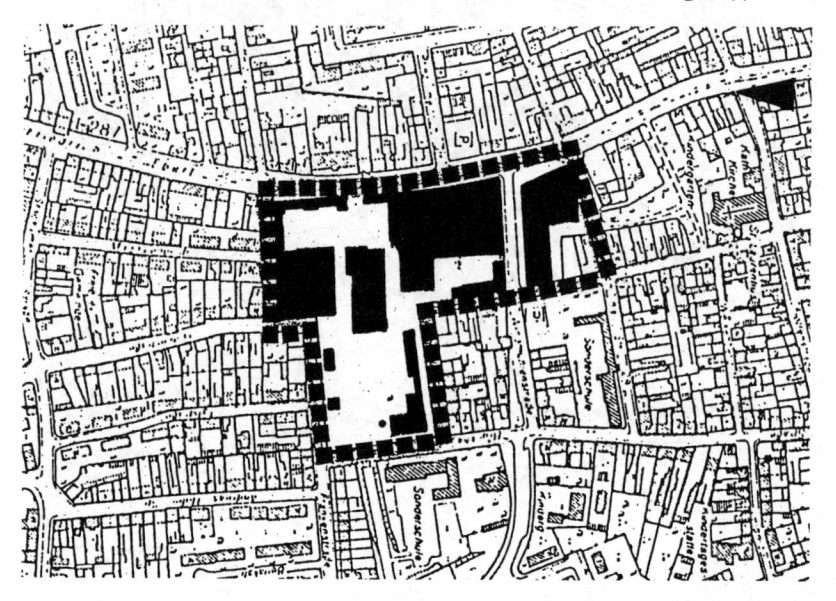

Abb. 11. Schrittweise Erweiterung der Firma König-Brauerei unter Verdrängung der Wohnbebauung und Wohn-Folgeeinrichtungen (II)

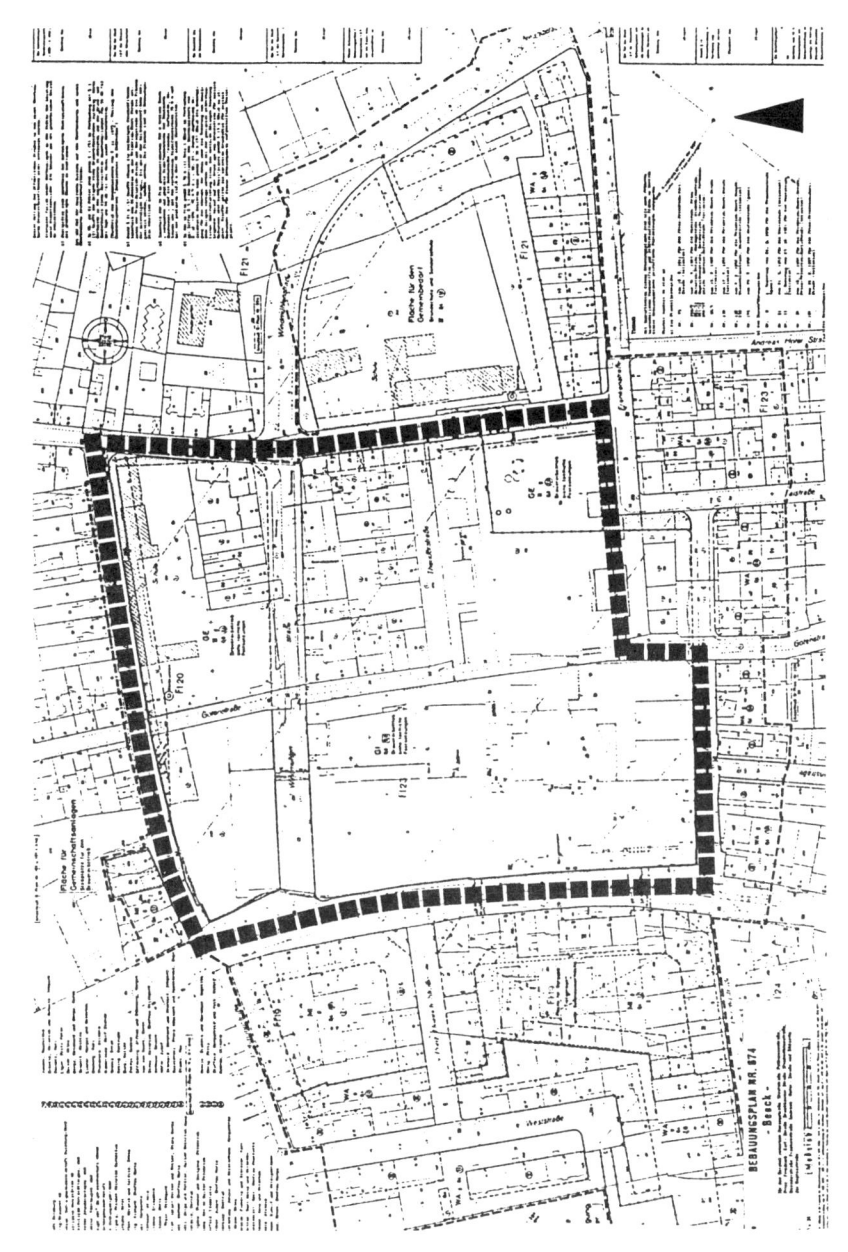

Abb. 12. Schrittweise Erweiterung der Firma König-Brauerei unter Verdrängung der Wohnbebauung und Wohn-Folgeeinrichtungen (III)

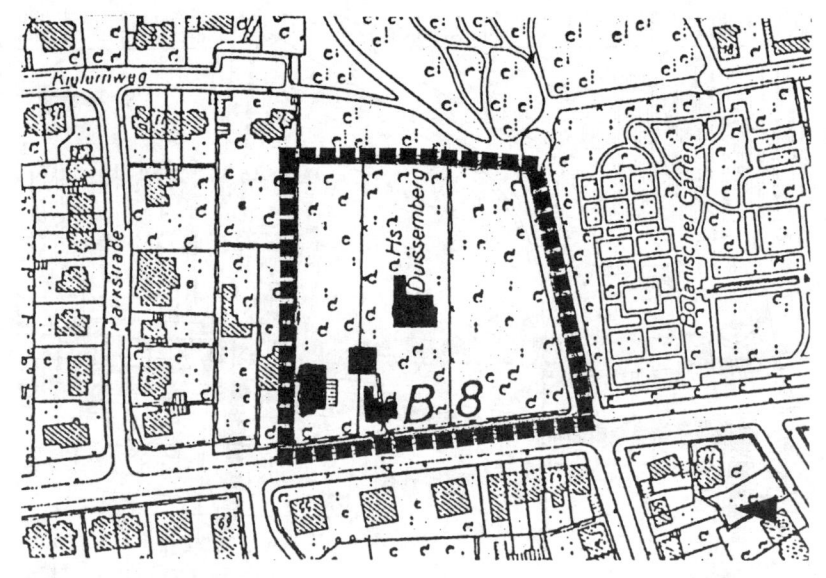

Abb. 13. Villenviertel Kaiserberg

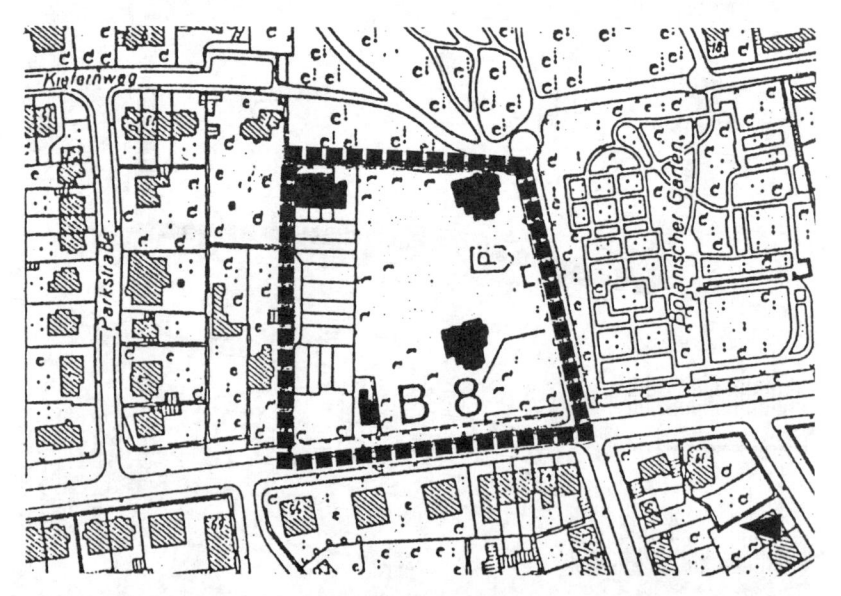

Abb. 14. Vordringen von Punkthochhausbebauung bzw. Kleinparzellierung in das Villengebiet Kaiserberg

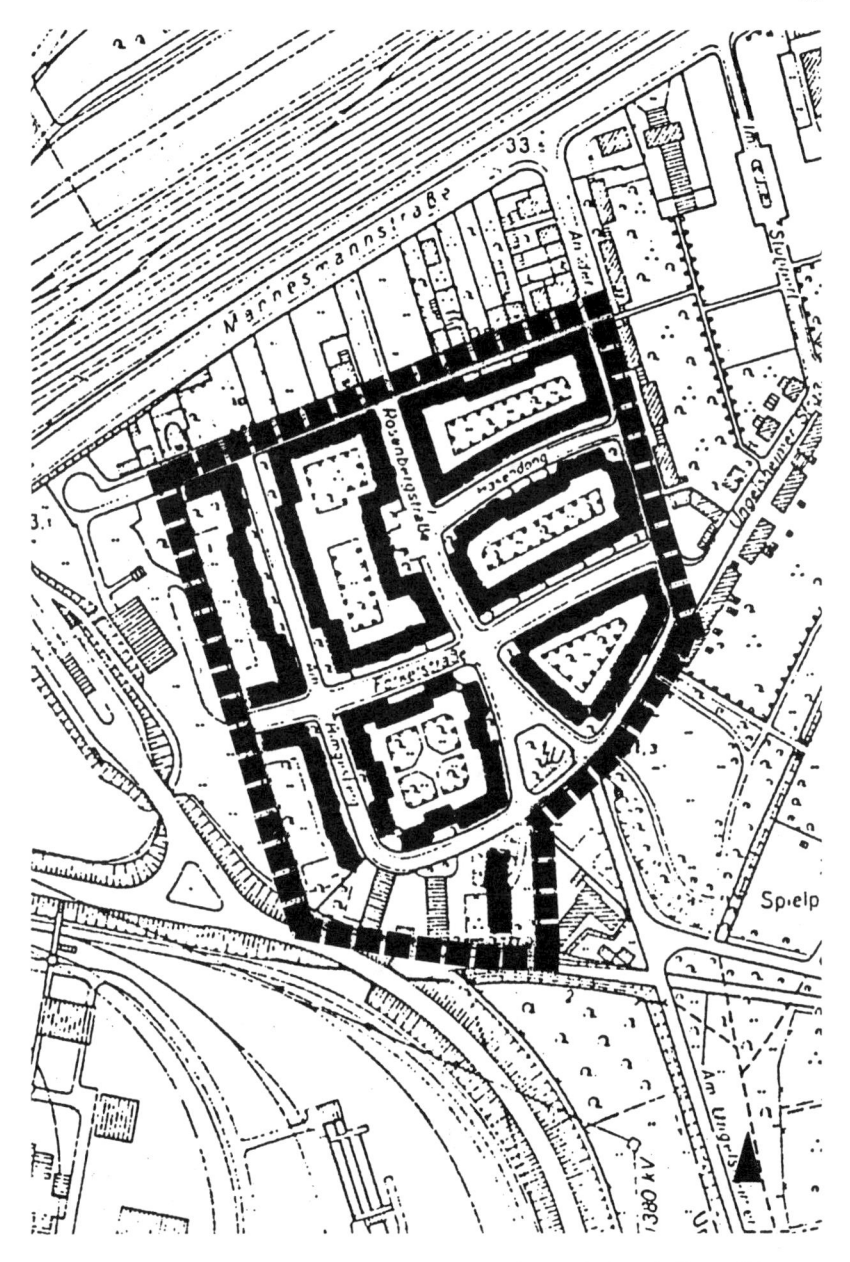

Abb. 15. Bis Mitte 1986 vom Abbruch bedrohte Arbeitersiedlung Hüttenheim

Abb. 16. Der Stadtteil DU-Hochfeld - links die auf die "Demarkationslinie" Immendal zurückgenommene Wohnbebauung, rechts davon Industrie (DEMAG, Kupferhütte, VDM, Messer-Griesheim, Matthes & Weber)

Abb. 17. Hart aneinanderstoßende Nutzungen in DU-Bruckhausen; links die inzwischen zu mehr als 50 % von Türken bezogene Wohnbebauung, rechts Kokerei, Hochöfen und Stahlwerk der Fa. Thyssen

Abb. 18. "Verbarrikadierung" von Wohnhäusern durch Lärmschutzwände an der Anschlußstelle Bürgermeister-Pütz-Straße in DU-Meiderich

Abb. 19. Von der in Hochlage geführten A 59 bedrängte Wohnbebauung in DU-Wanheimerort

Abb. 20. Die Rheinbrücke im Zuge der A 2 "über" Wohnbebauung im Ortsteil Essenberg von DU-Homberg

Abb. 21. Umwandlung einer ortsmittigen gewerblichen Nutzung in Wohnnutzung
 - Zustand vorher

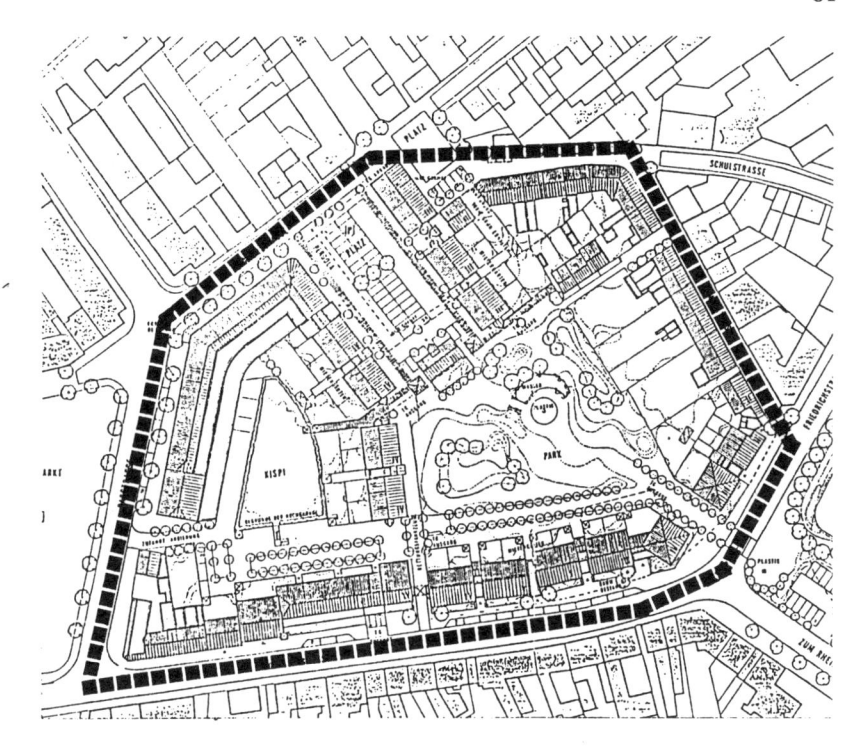

Abb. 22. Umwandlung einer ortsmittigen gewerblichen Nutzung in Wohnnutzung
 - Zustand nachher (noch nicht vollständig ausgeführte Planung)

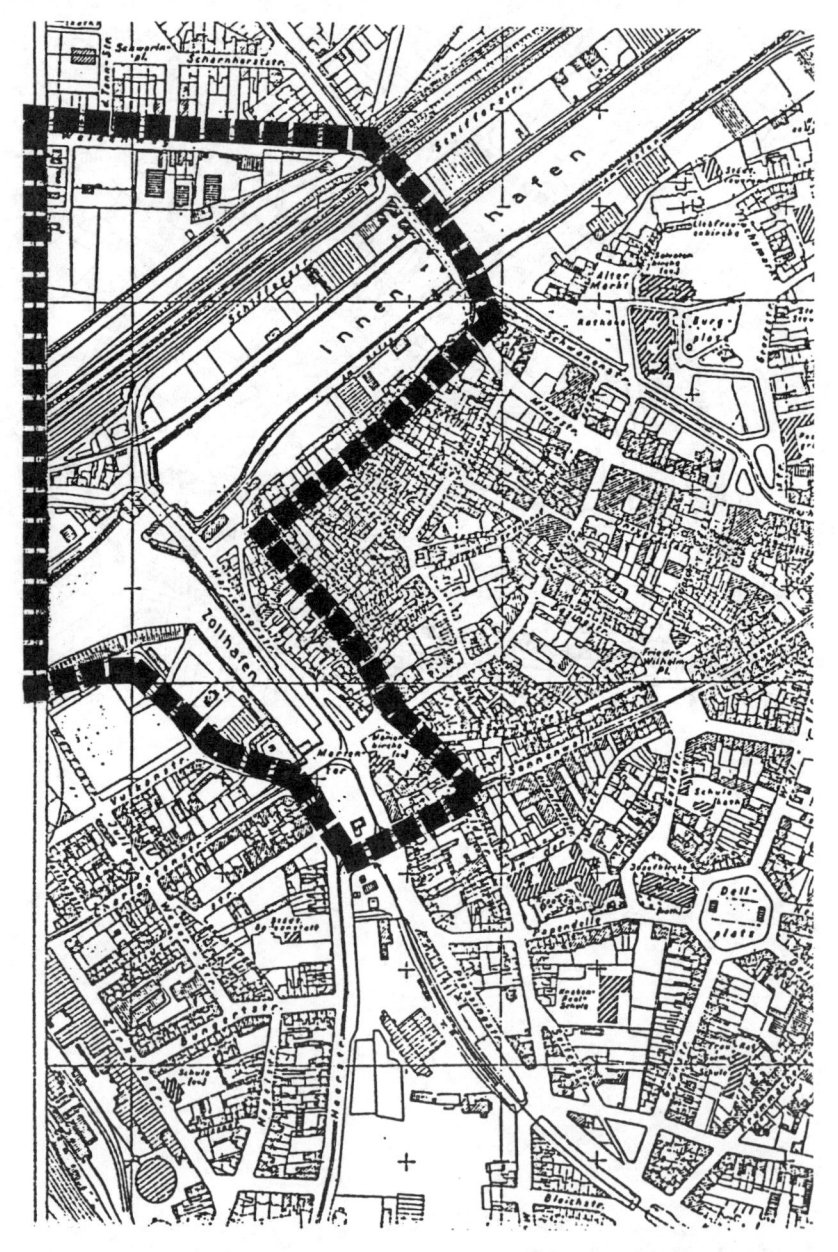

Abb. 23. Veränderung des Bereichs Marientor - Zustand um 1920

Abb. 24. Veränderung des Bereichs Marientor
- Zustand heute

J. Forßmann

IV. DER STÄDTEBAULICHE BRUCH ALS KONTINUITÄT

VORBEMERKUNG

Der Beitrag von Herrn Dr. J. Forßmann wird hier nur in Form von Thesen wiedergegeben, da kein schriftliches Vortragsmanuskript vorliegt. Zum besseren Verständnis der Thesen sei eine Kurzcharakteristik zur Situation der Stadt Köln vorabgeschickt:

Köln
Metropole, Tradition als Handels- und Verkehrsplatz sowie als Zentrum für Kirche und Kultur, traditionelle Eigenständigkeit einzelner Stadtviertel in der Umgebung von Kirchen; Dominanz der linksrheinischen Stadtteile, Ausrichtung der Gesamtstadt auf den linksrheinischen Stadtkern (hier: ehem. röm. Kastell, Dom sowie Teil einer alten N-S-Wegeverbindung als Hauptgeschäftsstraße). Fragen der aktuellen Stadtentwicklung betreffen vorrangig die Attraktivierung der Innenstadt in ihrer Funktion als Handels- und Kulturort; die Identität des Stadtgrundrisses ist vorwiegend außerhalb des mittelalterlichen Bereichs erhalten und dort auf Stadterweiterungsplanungen der Gründerzeit (Stübben sowie der 20er Jahre Schumacher) zurückzuführen; die Entwicklung eingemeindeter Vororte zu Zentren mit regional bedeutsamen Versorgungsangeboten wirft neue Fragen funktionaler Verknüpfung von Wohn- und Arbeitsstätten sowie des Verkehrs auf; der Suburbanisierungsprozeß ist noch nicht abgeschlossen. Insbesondere die römisch und mittelalterlich geprägte Stadtmitte zeigt vielfältige Phänomene der Überlagerung von Transformationsprozessen; "Städtebauliche Brüche" werden hier besonders deutlich sichtbar. Der hohe Anteil an Kriegsschäden muß bei der Betrachtung der Transformation der Stadt berücksichtigt werden.

A. Haase

WAS BEDEUTET STABILITÄT UND WANDEL?

Es geht hierbei um *funktionale und gestalterische Anpassungsfähigkeit* von Gebäuden und Stadtstrukturen
* historisch gesehen: *Kontinuierliche Anpassung* an neue Nutzungsanforderungen (Beispiel: atelier candilis/ josic im quartier latin von Paris)
* gegenwärtig betrachtet: *Umnutzungen* von Gebäuden ohne große technische Probleme möglich (Beispiele aus Köln: Zeughaus zu Bürgerzentrum, Minoritenkirche zu Museum, Verwaltungsgebäude Rudolfplatz zu Hotel).

Die *Anpassungsfähigkeit* an Nutzungs- und Funktionswandel ist also groß, selbst ein Bedeutungswandel bestimmter Bautypen wurde in der Gründerzeit realisiert und historische Stile beliebig für unterschiedliche Bauaufgaben verwendet.

Warum gibt es trotz großer *Anpassungsfähigkeit* bei Funktions- und Bedeutungswandel und an Nutzungsänderungen von Bau- und Stadtstrukturen sowohl *allmähliche als auch kurzfristige Brüche*? Wenn auch heute die *Erhaltung* von historischer Bau- und Gestaltsubstanz größere Bedeutung bekommen hat, kann dies jedoch nicht über ein verbleibendes Bedürfnis der Herrschenden zur Selbstdarstellung über ihnen zugehöriger baulicher Symbole (z.B. Hochhäuser) hinwegtäuschen.

Dies ist eine wichtige Ursache, neben anderen, die zur *Stadtzerstörung* führen (vgl. Naziplanung Ost-West-Achse in Köln). Die zweite wichtige Ursache ist die *Anpassungsnotwendigkeit* morphologischer Strukturen an die sich entfaltenden Produktivkräfte und die für sie typischen technischen Infrastrukturen.

Hierzu werden am Beispiel der Stadt Köln einige konkrete Hinweise für die Diskussion gegeben (vgl. Abbildungen). Köln ist ein besonders geeignetes Beispiel für eine historisch-materialistische Betrachtungsweise, als eine Stadt, die seit der Römerzeit ihre Bedeutung einigermaßen kontinuierlich behalten hat.

IV. Abbildungen zum Beispiel der Stadt Köln:
Typische "städtebauliche Brüche" in der Kölner Innenstadt (ohne Angabe von Zeit und Ort)

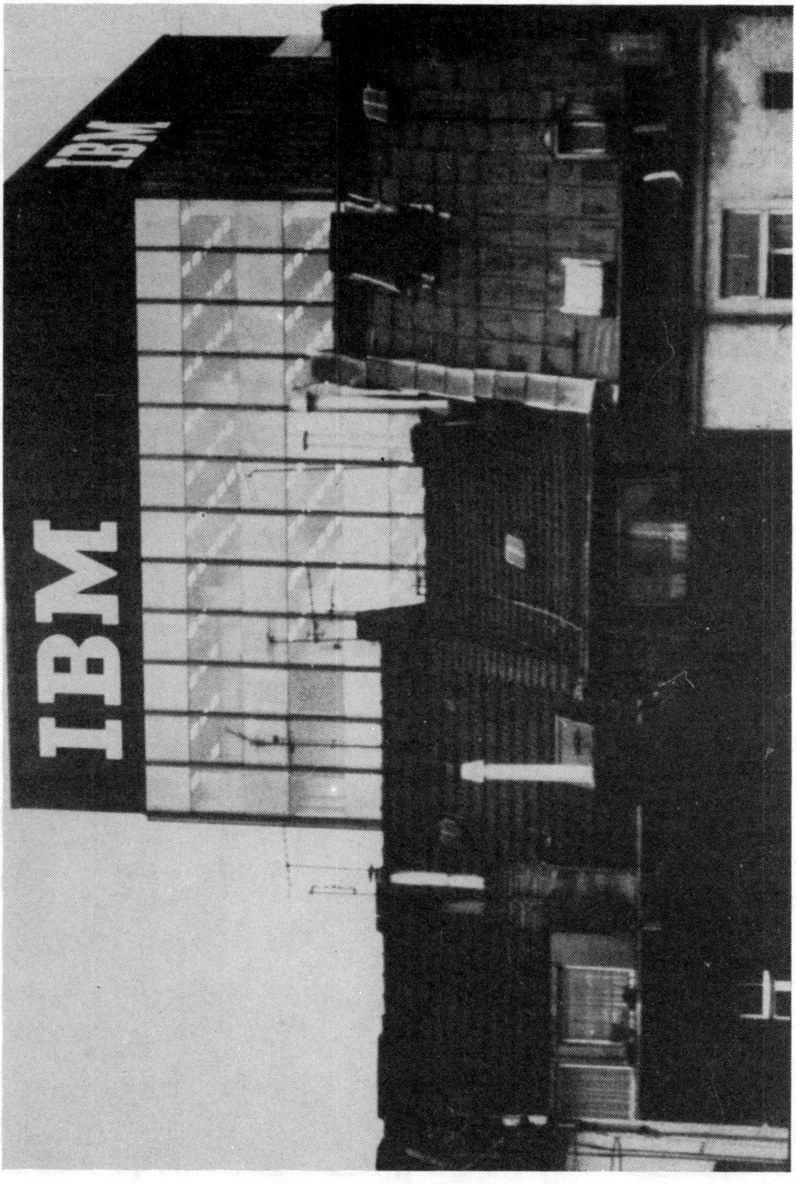
IBM
IBM

89

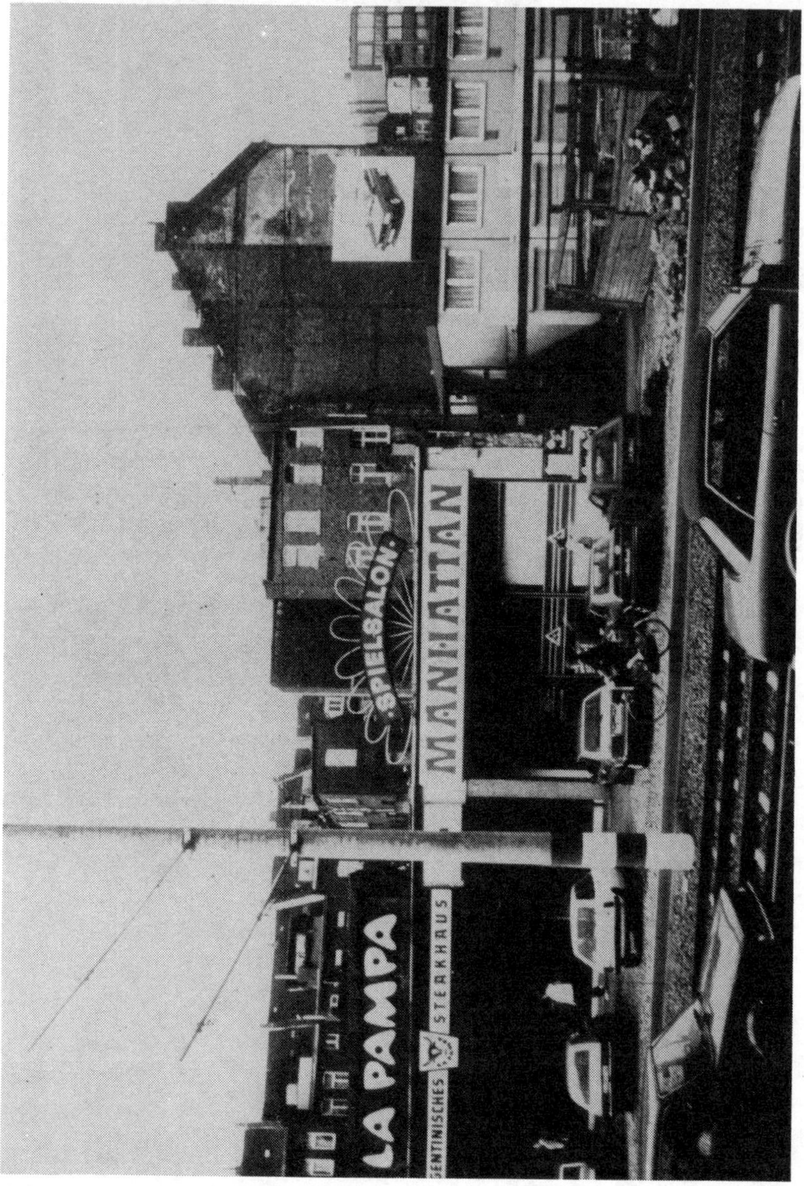
SPIELSALON
MANHATTAN
LA PAMPA
STEAKHAUS

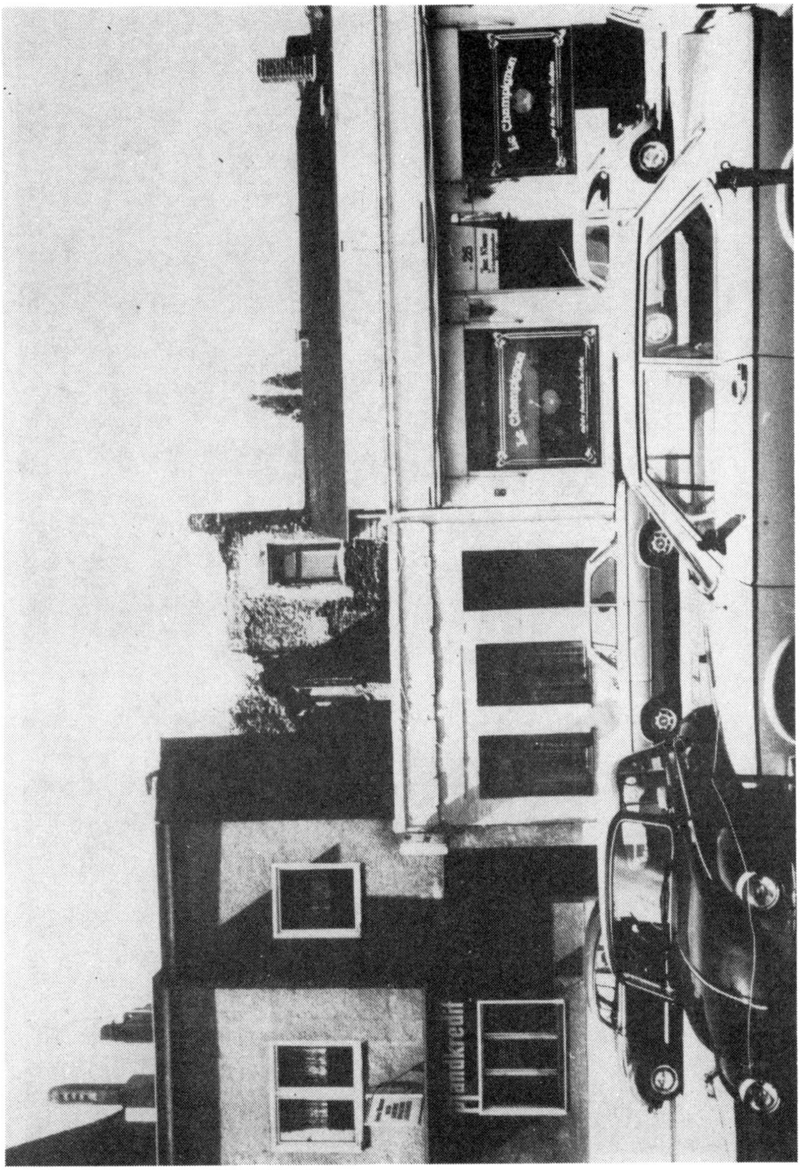

92

J. Rodríguez-Lores

V. STABILITÄT UND WANDEL BAULICH-RÄUMLICHER STRUKTUREN

1. EINE VERÄNDERTE FRAGESTELLUNG: ZUM BEGRIFF VON BAULICH-RÄUMLICHER STRUKTUR UND ZUR HISTORISCHEN ERFAHRUNG VON INSTABILITÄT
2. BEMERKUNGEN ZUM ENTSTEHEN, WANDEL UND WESEN DER BAULICH-RÄUMLICHEN STRUKTUREN
3. BEMERKUNGEN ZUR ANALYSEMETHODE BAULICH-RÄUMLICHER STRUKTUREN, INSBESONDERE ZUR HISTORISCH-MORPHOLOGISCHEN METHODE
4. BEMERKUNGEN ZUR SICHERUNG VON STABILITÄT UND KONTINUITÄT IM WANDEL

"Welche Bau- und Nutzungsstrukturen bewirken Stabilität, welche sind Basis für Veränderung?", "Welche Anordnungsformen zeigen eine hohe Stabilität gegen Nutzungswandel auf, welche eine geringe?". Diese Fragen bringen einen ursprünglichen Wunschtraum des Städtebaus zum Ausdruck, nämlich: dynamische und stabile baulich-räumliche Strukturen schaffen zu können, die der Entwicklung der Umwelt (d.h. den sich wandelnden gesellschaftlichen Bedürfnissen und der sich wandelnden Art der Bedürfnisbefriedigung) gegenüber offen sind und gleichzeitig Kontinuität garantieren. Jede Antwort auf diese Fragen kann nur den Traum bestätigen. Denn die Fragen sind sophistisch gestellt: Sie setzen nämlich das voraus, was zu beweisen ist, d.h. die Autonomie des Städtebaus als positive Wissenschaft, die in der Lage wäre, stabile Strukturen zu schaffen; und vor allem die Autonomie baulich-räumlicher Strukturen, die Stabilität als immanente Eigenschaft besitzen würden.
Die Fragen über "Stabilität" und "Instabilität" müßten eigentlich bei den Prämissen einsetzen: Kann der Gegenstand des Städtebaus - die baulich-räumlichen Strukturen - überhaupt autonom sein, oder sind seine Wesenseigenschaften nicht gerade von fremden Elementen abhängig? Kann also der Städtebau überhaupt eine autonome, positive Wissenschaft sein, oder ist er nicht gerade - wie etwa seine Verwandte, die Architektur - eine reaktive Praktik auf die Forderungen und Gesetzmäßigkeiten fremder Strukturen?

1. EINE VERÄNDERTE FRAGESTELLUNG: ZUM BEGRIFF VON BAULICH-RÄUMLICHER STRUKTUR UND ZUR HISTORISCHEN ERFAHRUNG VON INSTABILITÄT

Die Begriffe von "Stabilität" und "Instabilität" seien hier auf folgende Definition von baulich-räumlicher Struktur bezogen. "Struktur" ist immer ein "sinnvoller" Beziehungszusammenhang von verschiedenen Grundelementen. In unserem Fall haben wir im wesentlichen mit drei Grundelementen zu tun: Form, Nutzung/Nutzer und Funktion.
Eine Struktur ist "stabil", wenn sie auf die ständigen Veränderungen der Umwelt dynamisch reagiert, d.h. wenn sie sich dem äußeren Wandel zwar immer anpassen kann, aber dabei ihre Grundelemente und der "Sinn" ihrer Beziehungen miteinander erhalten bleiben.
Wo keine derartige Anpassung stattfindet, wird die Struktur obsolet (z.B. Verslumung alter Wohnquartiere). Wo eines oder mehrere Grundelemente abgelöst werden (z.B. Modernisierung eines Wohnviertels mit sozialer Umschichtung) oder der bestehende Beziehungszusammenhang wesentlich gestört wird (z.B. durch eine große Verkehrsachse mitten durch ein altes Wohnquartier), wird die alte Struktur vernichtet und eine neue entsteht. In diesen beiden letzten Fällen zeigen Strukturen "Instabilität".
An der Geschichte der modernen Stadt kann man eine vordergründig widersprüchliche Erfahrung machen: einerseits stößt man dort auf den schöpferischen Erfindungsgeist von Städtebauern oder Architekten, der - Nutzungs- und Funktionsansprüchen folgend - eine Vielfalt von urbanen Strukturelementen hervorgebracht hat, von denen viele heute wieder als beispielhaft gelten und zu topoi in der neueren Stadtplanung werden (z.B. die "Passagen" für die City, die "Promenaden" für die Freiräume, der "Baublock" für das urbane Wohnen usw.); andererseits ist man schockiert über den rastlosen Wandel von Strukturen und Strukturelementen, der wie ein sinnloser, immer wiederkehrender Prozeß von physischer Zerstörung-Wiederaufbau-Umnutzung erscheint; Gebrauchs- und Gestaltwert der solchermaßen veränderten und in Veränderung begriffenen Strukturen leiden vielfach, insbesondere unter dem Einfluß von Imitationen und historisierender Erhaltung.

Dieser Prozeß ist nur vordergründig widersprüchlich, weil der Wandel und die ihn treibenden Kräfte sich immer wieder alter Strukturelemente bedie-

nen, um - in Zeiten immer kürzer werdender Zyklen gesellschaftlicher und technologischer Veränderungen - dem allgemeinen gesellschaftlichen Bedürfnis nach historischer Kontinuität wenigstens durch die Fortführung eines Grundelementes von Struktur (z.B. der Form) Rechnung zu tragen.
Dort, wo Wandel weniger von geplanter städtebaulicher Gestaltung und historisierenden Einflüssen geprägt ist, ist vorrangig ein anderes Grundelement von Struktur fortgeführt: die Funktion, - obgleich diese, unter Einfluß der Veränderungen der Nutzungen, auch dem Wandel unterworfen ist.
Es zeigt sich, daß auch einzelne Grundelemente von Struktur "stabil" sein können, während die anderen Grundelemente - in Ergänzung dazu - sich als "instabil" erweisen.
Die Frage, ob eine gesamte Struktur, zum gegebenen historischen Zeitpunkt der Betrachtung, "stabil" oder "instabil" ist, muß zurückgeführt werden auf feststellbare Verluste oder Fortdauer charakteristischer Merkmale und deren Beziehungsgefüge im Verhältnis zu Raum und Zeit. Eine Bewertung der betrachteten Struktur hinsichtlich ihrer Bedeutung für eine "historische Kontinuität" der sie umfassenden Situation (Raum und Zeit) ist abhängig von dem Verhältnis zwischen gesellschaftlichem und funktionalem Wandel einerseits und daraus resultierenden Ansprüchen an Gebrauchs- und Gestaltqualitäten andererseits.
Ich werde mich auf drei Beispiele von historischer Erfahrung mit Instabilität beschränken:
- Die City erscheint auf dem ersten Blick als die stabilste urbane Struktur seit Entstehung der modernen Großstadt im 19. Jahrhundert - schließlich enthält sie die wesentlichen Funktionen einer Warengesellschaft und einer ökonomisch wie politisch zentralisierten Gesellschaft: Warentausch, Geldverkehr, Kontrolle. Aber: diese Stabilität betrifft nur das Element "Funktion". Hinsichtlich der "Form" und der "Nutzung" hat sich die City als die instabilste Struktur der Stadt erwiesen: ihr Wandel ist nicht nur durch die häufig beklagte und sich immer wiederholende Verdrängung der Bewohner (also durch Verdrängung von "weniger werten" Funktionen, die ursprünglich zur Struktur gehörten und durch Destabilisierung von benachbarten Gebieten, in denen sich abgeschobene Funktion wieder aussiedelt) gekennzeichnet, sondern vor allem auch durch einen unaufhörlichen Prozeß der inneren Umstrukturierung von Nutzungen, die wie eine ökonomisch unsinnige Rotation vorkommt: Geschäfte und tertiäre Einrichtungen werden ständig durch andere Geschäfte und tertiäre Einrichtungen verdrängt oder gänzlich ersetzt, die Folge ist eine

zyklische Entwicklung zwischen physischer Zerstörung und Wiederaufbau.
- Bestimmte Alt-Wohnquartiere (z.B. jene aus der sogenannten "Gründerzeit" oder die "Werkssiedlungen" usw.) mögen heute eine konjunkturelle Aufwertung erleben, und das wird wiederum auf eine angebliche Stabilität und Anpassungsfähigkeit solcher Strukturen zurückgeführt. Aber der Schein trügt. In der Regel handelt es sich nur um eine "sanftere" Version der Dialektik von Zerstörung und Wiederaufbau, die die Stadtentwicklung insgesamt beherrscht - das ist der Fall, wenn die alte "Funktion" (Wohnen) erhalten bleibt, aber die "Nutzung" oder die "Nutzer" umgetauscht werden (z.B. durch soziale Umschichtung oder durch Veränderung der Nutzungs- oder Besitzverhältnisse) und die ganze Aufwertung nur über eine weniger sichtbare Zerstörung der "Form" erfolgen kann (z.B. durch bauliche Verdichtung, Wohnungsteilung usw.).
- Die sogenannten "Schandflecken" erscheinen paradoxerweise hinsichtlich der Funktion, der Nutzung/Nutzer und der Form als die stabilsten Strukturen - häufig sogar sehr resistent gegen massive Planungseingriffe. Sie sind es aber offensichtlich nur aus externen Gründen (schlechte "Lage", sozialer Widerstand usw.), die sie aus dem allgemeinen Wandel ausschließen. Diese Stabilität bedeutet aber nichts anderes als Obsoleszenz, d.h. auch in diesem Fall Zerstörung in Verzug. Gemeint sind hier nicht nur die Wohnslums, sondern auch die vielen unverwertbaren Brachflächen in zentraler Lage, über die jede Stadt reichlich verfügt.

Ich meine, daß diese historischen Erfahrungen mit einzelnen städtischen Strukturen auf die gesamtstädtische Entwicklung übertragbar sind. In der Kategorie der "Instabilität" erscheint die über hundertjährige Entwicklung der modernen Stadt nicht als ein "gedachter" oder Evolutionsprozeß, sondern vielmehr als ein zyklischer Prozeß von Zerstörung, Wiederaufbau und Umnutzung, aus dem zwangsläufig eine gesamtstädtische Struktur hervorgegangen ist, die in der Tat nur aus "Brüchen" und "Fragmenten" bestehen kann: darin sind kaum einzelne baulich-räumliche Strukturen vorzufinden, die gemäß ihren immanenten Gesetzmäßigkeiten "evolutionieren", d.h. sich "weiter-entwickeln" konnten; vielmehr ist das Ganze durch einzelne Strukturen beherrscht, die in ihrer Entwicklung immer wieder abrupt unterbrochen wurden - sei es durch vollständige Zerstörung oder durch Ersetzung einiger ihrer Grundelemente - und die ein Nebeneinander von zusammenhangslosen Bruchstücken mit unterschiedlichen Geschichten, Bedeutungen, Zukunftsaussichten, formalen Eigenschaften usw. bilden.

Gerade die einerseits als "stabil", andererseits tendenziell als "obsolet" bezeichneten "Schandflecken" innerhalb oder am Rande unserer Städte stellen uns vor die Frage: Was soll daraus werden? Diese Frage leitet über zum Thema des Einflusses von Planung auf Veränderungsprozesse: Diese historischen Erfahrungen mit der Instabilität der einzelnen baulich-räumlichen Strukturen und mit der Unordnung des städtischen Ganzen lassen sich durch die immer wiederkehrende Erfahrung mit der geringen oder widersprüchlichen Wirkung von Planung ergänzen.
Die Ordnungsvorstellungen des Städtebauers oder Architekten, wenn sie von rationalen Prämissen ausgehen - von der Schönheit, von der Funktionalität, von der Orientierung an den Bedürfnissen der Nutzer usw. -, stoßen immer wieder auf irrationale Gesetzmäßigkeiten des empirischen Wandels (Zerstörung/Wiederaufbau/Umnutzung), die die Unordnung stets reproduzieren. Die Ordnungsvorstellungen werden entweder nicht realisiert oder ihre Produkte entgleiten früher oder später den ursprünglichen Absichten. Der Städtebauer oder Architekt steht dann vor einem scheinbar unlösbaren Dilemma: entweder nimmt er einen aussichtslosen Kampf gegen die Unordnung auf oder er versucht lediglich, diese Unordnung zu reparieren. Ersteres führt in der Regel zu zukunftslosen Raumutopien, wenn die Lösung beharrlich innerhalb des Städtebaus oder der Architektur selbst gesucht wird; von solchen Utopien ist die Geschichte des modernen Städtebaus und der Architektur voll - von der Gartenstadtidee über die funktionale Stadt bis zum neuerdings wiederbelebten Gedanken einer dezentralen ("demokratischen") oder polyzentrischen Raumorganisation usw. usf.). Das zweite führt unweigerlich zu Kompromissen zwischen Vernunft und Unordnung, die sehr häufig in der Aufgabe der planerischen Vernunft enden: Städtebau, Stadtplanung, Architektur gestalten sich dann genauso bruchstückhaft wie die chaotische Stadtwirklichkeit, die sie ordnen wollen; sie werden zur Reparaturwerkstatt und ideologischen Legitimationsanstalt für eine vorgefundene Unordnung, die sie mit ihren vereinzelten Maßnahmen nur noch verfestigen können.
Einen Ausweg aus dem Dilemma kann es dennoch geben. Um diesen Weg zu zeigen, kehren wir auf die Ausgangsfrage über Stabilität/Instabilität baulich-räumlicher Strukturen zurück und versuchen, die Frage anders zu stellen, d.h. stellen wir sie nicht mehr als Frage an den Städtebau und suchen wir nicht mehr die Antwort ausschließlich innerhalb des Städtebaus selbst, sondern beziehen wir in die Betrachtung externe Strukturen und Faktoren mit hinein, mit denen der Städtebau und sein Gegenstand (die baulich-räumlichen Strukturen) allem Anschein nach in Abhängigkeitsverhältnis

stehen, und suchen innerhalb dieses Verhältnisses nach der Antwort. Das heißt, daß die angebliche Autonomie des Städtebaus als wissenschaftlicher Disziplin und politischen bzw. technisch-künstlerischen Handelns zunächst prinzipiell in Frage gestellt werden soll.

Daraus würde sich eine neue Hypothese als Ausgangspunkt ergeben: Stabilität oder Instabilität sind nicht vorrangig oder ausschließlich immanente Eigenschaften der baulich-räumlichen Strukturen, haben auch wenig zu tun mit anderen positiven Eigenschaften dieser Strukturen (Schönheit, Funktionsfähigkeit, Gebrauchswert usw.): sie sind in hohem Maße abhängig von äußeren Strukturen oder Faktoren, über die der Städtebau als solcher kaum Gewalt hat. Das heißt, daß der Diskurs über die Eigenschaften von städtischen Strukturen im Sinne der Disziplin Städtebau und innerhalb ihres traditionellen Rahmens von jenem anderen Diskurs über "Stabilität" oder "Instabilität" derselben Strukturen zu unterscheiden ist, daß dieser andere Diskurs mit anderen Kategorien geführt werden muß, daß aber beide Diskurse - sofern erst unterschieden - wieder zusammengeführt werden können und müssen, - im Sinne eines erweiterten und interdisziplinären Verständnisses von Städtebau. Dieses erweiterte Verständnis führt wiederum zu Kategorien, die der Betrachtung der Form eine andere Qualität geben, weil sie nicht losgelöst, sondern als Bestandteil des Beziehungsgeflechtes zwischen Form, Nutzung/Nutzern und Funktion sehen.

Von dieser Hypothese ausgehend kann man versuchen, die Frage neu zu stellen und dabei verschiedene Problemaspekte zu unterscheiden:

1.) Welche äußeren Faktoren beherrschen die baulich-räumlichen Strukturen und wie erzeugen sie die grundlegende Instabilität der letzteren?
2.) Welche baulich-räumlichen Strukturen zeigen - unabhängig von ihrer vorwiegend äußerlich bestimmten Stabilität oder Instabilität - städtebauliche Qualitäten auf?
3.) Wie kann man für diese Strukturen Stabilität und Kontinuität sicherstellen?

Akzeptiert man diese veränderte Fragestellung, so muß man die Analysemethode ändern und handlungsorientierte Vorschläge auch außerhalb des Städtebaus und der Architektur suchen.

- Die Beantwortung der ersten Teilfrage verlangt nach einer historisch-phänomenologischen oder materialistischen Analysemethode mit Kategorien, die teilweise außerhalb der traditionellen Denkweise des Städtebaus und der Architektur liegen. Einige dieser Kategorien, die hier nur zusammenhanglos zitiert werden können, wären z.B.: Bodenbesitzverhältnisse und Bodenrente, Konkurrenz der städtischen Böden und Nut-

zungen, Industrialisierungszyklen, Kapitalverwertung, gesellschaftliche Klassenverhältnisse usw.
- Die zweite Teilfrage gehört dagegen unmittelbar in den Kompetenzbereich des Städtebaus und der Architektur als partikuläre Disziplinen. Man würde also erwarten, daß diese Disziplinen über geeignete Analysemethoden und -instrumente verfügt, um die Qualitäten ihres spezifischen Gegenstandes annähernd objektiv messen zu können. Das ist jedoch bei weitem nicht der Fall.

In der Regel verläßt man sich bei der Beurteilung der baulich-räumlichen Strukturen auf die individual-subjektive Sinnesbeobachtung, unterstützt durch willkürliche Bewertungskriterien, die von autoritären oder traditionellen Vorurteilen geprägt sind und ständig nach der Geschmackmode wechseln. Gelegentlich werden auch Versatzstücke aus Erkenntnismethoden anderer Disziplinen eingesetzt (Statistik, Kommunikationssoziologie, Wahrnehmungspsychologie usw. usf.), die aber ohne die notwendige Rahmentheorie beliebig einsetzbar werden. Die Folge ist eine verbreitete Willkür und Unverbindlichkeit des städtebaulichen oder architektonischen Urteils und vor allem die Irrelevanz solcher Urteile für die Bildung einer handlungsorientierten Theorie und schließlich für die Praxis selbst.

Die "historisch-morphologische Analysemethode" ist ein positiver Versuch gewesen, um das willkürliche Urteil zu überwinden und zu exakteren Kenntnissen zu gelangen; diese Methode ist jedoch längst auf ihre immanenten Grenzen gestoßen, auf die ich weiter unten eingehen werde. Die sogenannte "Raumplanung von unten" scheint ein umfassender Ansatz zu sein, der die historischen Erfahrungen mit der "Partizipation" berücksichtigt und verarbeitet hat, indem die Lebenserfahrungen und die Wahrnehmungsfähigkeiten der Nutzer mit einbezogen werden. Dieser Ansatz hat dennoch bislang keinen Eingang in den wissenschaftlichen Apparat der Disziplin gefunden.
- Die dritte Teilfrage ist die entscheidende und sie verweist wiederum auf eine außerdisziplinäre Praxis, die in der Lage sei, auf soziale, ökonomische und politische Strukturen einzuwirken. Hier fehlt noch die politische Handlungsmethode, die die Beziehungen des Städtebaus und der Architektur zum politischen System und zu den sozialen Klassen und Bewegungen neu und effektiv gestaltet.

2. BEMERKUNGEN ZUM ENTSTEHEN, WANDEL UND WESEN DER BAULICH-RÄUMLICHEN STRUKTUREN

Erste Bemerkung zur Produktion von baulich-räumlichen Strukturen:
Aus der Verstädterung gehen baulich-räumliche Strukturen hervor, die notgedrungen von Ungleichgewichten und gegenseitiger Konkurrenz beherrscht sind.
Die moderne Verstädterung oder "Urbanisierung" erscheint als ein vielschichtiger und widersprüchlicher Prozeß:
- auf der einen Seite gesamträumliche Konzentration von Bevölkerungsmassen, verbunden mit der Herausbildung neuer Funktionen und Nutzungen; auf der anderen Seite immer feinere Spezialisierung dieser Funktionen und interne räumliche Differenzierung dieser Bevölkerungsmassen nach sozialem Status, Vermögen, Beschäftigung usw. ;
- auf der einen Seite Zentralisierung "hochwertiger" Teilfunktionen und Nutzungen in ausgeprägten, kompakten Räumen; auf der anderen Seite Dezentralisierung, Entflechtung oder einfach Zerstreuung "minderwertiger" oder als "störend" empfundener Funktionen und Nutzungen in den peripheren Räumen;
- auf der einen Seite Demokratisierung, d.h. formelle Anerkennung des Rechtes aller auf einen Platz in der Stadt; auf der anderen Seite das Fehlen praktischer Garantien für die individuelle Ausübung dieses Rechtes.

Die räumlichen Auswirkungen dieses vielschichtigen Prozesses sind gewaltig, dabei ist das quantitative Wachstum nur eine Schicht des Prozesses, die - infolge struktureller Gesetzmäßigkeiten - andere Schichten mit hervorbringt.

a) Räumliche Ungleichgewichte

Bei der bisherigen Art der Verstädterung ist die traditionelle Einheit der Stadt als räumlich und funktional erfahrbares Ganzes verloren gegangen. An ihre Stelle ist die Raumspezialisierung getreten, und die "Stadt" zerfällt in voneinander unabhängige Räume mit großen Qualitätsunterschieden hinsichtlich ihrer Funktion, ihrer Gestaltung, ihrer Versorgung und ihrer Ausstattung usw. :

- urbane, hochspezialisierte Räume mit mehr oder weniger ausgeprägtem monofunktionalem Charakter: die City als Standort tertiärer Nutzungen - Geschäfte, Verwaltung, Kultur usw. - mit ihrer notwendigen Begleiterscheinung der verslumenden City-Randgebiete; "gute" reine Wohnviertel; hochbelastete Mischstrukturen wie etwa Industrie-Arbeiter-Viertel usw. ;
- urbanisierte, aber nicht mehr urbane Räume: Wohnperipherien, Vororte, verstreute Besiedlungsformen in der Landschaft usw.

Die Widersprüchlichkeit dieses Gesamtbildes und der ihm zugrunde liegenden Verschiebungen kann man an materiellen Aspekten festmachen, wie z.B. an der herrschenden Dialektik von Überversorgung und Unterversorgung der verschiedenen Räume, aber auch an ideellen Aspekten, wie z.B. an den erzwungenen Unterschieden der Gestaltung oder am semantischen Zerfall traditioneller analytischer Begriffe, wie z.B. "Urbanität". Heute ist dieser Begriff wegen seines Bedeutungswandels für eine präzise Stadtanalyse nicht mehr brauchbar; in seinem semantischen Zerfall spiegelt sich der reale Zerfall der Stadt wieder: bezogen auf die neueren, voneinander so unterschiedlichen Stadträume hat der Begriff seine Eindeutigkeit verloren, ist immer unbestimmter und beliebiger geworden; bezogen auf den ausgeprägtesten Raum der neuen Stadt - den "Stadtkern", meist identisch mit der "City" - ist er zu einem ideologie-trächtigen Begriff geworden, dessen traditionelle Bestimmungen (Anonymität oder Freiheit, Vielfalt der Interkommunikation oder Kontakte, des Kultur- und Dienstleistungsangebotes, des Luxus, der Funktionen und der Formen usw.) jeweils mittels Semantik mit neuen Inhalten gefüllt werden, in denen man die jeweils gegebene (und sich ständig verändernde) Wirklichkeit des "Stadtkerns" oder der "City" bestätigt wiederfinden, die traditionellen Begriffsinhalte aber fast nur noch im Gegensatz dazu definieren kann. Bezeichnenderweise kann man nunmehr den ursprünglichen Begriff von "Urbanität" oder "urbaner Kultur" nur noch in wenigen alten "urbanen Dörfern" oder Kleinstädten verwirklicht vorfinden, an denen die moderne Verstädterung vorbeigegangen ist.

b) Das Gesetz der Instabilität und der Beziehungslosigkeit

Von den Klassikern der modernen Architektur und des Städtebaus haben wir die naive Vorstellung geerbt, daß die Stadt mehr oder weniger wie ein Gebäude geplant und interpretiert werden könnte. Hilberseimer z.B. erfand dafür einen Begriff: das "Gesetz des Ganzen", das, eigentlich der Gebäudearchitektur entnommen und auf die Stadt übertragen, erlauben sollte, das auseinanderstrebende Gebilde der Großstadt weiterhin einheitlich zu "denken".

Dieses "Gesetz des Ganzen" drückt aber nur einen ohnmächtigen Wunsch nach der verlorenen Einheit aus und steht in Widerspruch zu den tatsächlichen Erfahrungen bei der Wahrnehmung und Planung der Großstadt. Wenn es für die Stadt ein "Gesetz des Ganzen" geben sollte, so wäre das ein Gesetz, paradox zur herrschenden Gesetzlosigkeit, die bestimmt wird durch die Richtungslosigkeit des Wachstums und die Unordnung der einzelnen Teile der Stadt in sich und in ihren Beziehungen zueinander, wobei dieser Richtungslosigkeit, historisch gesehen, eine Logik, nicht jedoch eine eindeutige Gesetzmäßigkeit zuzuschreiben ist.

- Das Wachstum erscheint als ein stetiger Prozeß der Destabilisierung des Ganzen: Wachstum als Schaffung immer neuer baulich-räumlicher Strukturen bzw. Erweiterung bestehender Strukturen auf Kosten anderer; Wachstum als zyklische Bewegung von Zerstörung und Wiederaufbau oder Umnutzung; dabei geht dieses Wachstum nicht von den Bedürfnissen des Ganzen aus, sondern von der tatsächlichen Herrschaft einzelner Teile der Stadt über die anderen (Wachstum der "City" auf Kosten der City-Randgebiete, der Stadt auf Kosten des Landes, der Vororte als Folge der Verdrängung des Wohnens aus der Stadt usw.).
- In der modernen Stadt waren schon von Anfang an die Beziehungen zwischen den einzelnen Teilen durch soziale, ökonomische und funktionale Barrieren (Segregation der sozialen Gruppen, Investitionsgefälle, Funktionstrennung) wesentlich gestört; heute, nach weitgehender Aufhebung der physischen Nähe dank schneller Kommunikationsmittel hat die Entfremdung der (groß-) städtischen Räume voneinander einen paradoxalen Höhepunkt erreicht: man schläft z.B. in der Satellitenstadt, man arbeitet oder man läßt sich bilden und unterhalten in der 30 km entfernten Stadt, man erholt sich im 100 km fern gelegenen Freizeitpark oder im mit dem Flugzeug erschließbaren Ferienort: Wer sich die schnellen Bewegungsmittel nicht leisten kann, wird von der Erholung, der Kultur und der Arbeit ausgeschlossen.
- Diese Beziehungslosigkeit der Räume zueinander war immer durch entsprechende gestalterische und Raum-"ordnende" Elemente markiert: eine große Verkehrsstraße als sichtbare Grenze oder als mühsame Verbindung, die Unterschiedlichkeit der Bauweisen usw., aber auch scheinbar chaotische Erscheinungen, wie etwa viele der sogenannten "städtischen Brüche", können notwendige Elemente zur Unterstützung der Be-

ziehungslosigkeit sein: aufgegebene Verkehrs- oder Industrieanlagen, obsolet gewordene oder verslumte Wohnquartiere oder einfach ungenutzte Brachflächen und "Pufferzonen" sind nicht immer zufällige oder "vergessene" Räume in der Stadt, sondern häufig notwendige Ergebnisse der internen Teilung, die die Stadt beherrscht - dafür spricht z.b. die historische "Kontinuität" und die große Widerstandskraft solcher Räume gegen Nutzungsprojekte und Planung.

• Angebliche Beziehungen zwischen den verschiedenen Teilen der Großstadt können die Stadtplaner nur ideell in ihren Köpfen nachvollziehen. Entsprechend hilflos sind die Mittel, die sie anwenden, um die gedachten Beziehungen "realisieren" zu können. Es sind Mittel, die wieder der Gebäudearchitektur entnommen sind: z.b. "Bänder" oder Systeme von Infrastrukturen unterschiedlichster Art (Straßen, Autobahnen, Eisenbahnen, Telephon, Kabel, Gruppierung von Funktionen und Dienstleistungen und deren Verteilung auf dem Territorium usw.), die an die interne, durchaus funktionale Erschließung eines Gebäudes erinnern; aber in der Stadt können diese Mittel nur die bestehende Entfremdung der städtischen Räume voneinander und das ohnehin gestörte Gleichgewicht zwischen besser oder schlechter gestalteten und versorgten Räumen verschärfen und besiegeln; die bei dieser Entfremdung verlorengegangenen Qualitäten des urbanen Lebens können sie der Stadt nicht zurückgeben.

Das Scheitern bestimmter baulich-räumlicher Strukturen (z.B. die Satellitenstädte, die Wohnsilos der 50er Jahre u. ä.) hat wahrscheinlich hier eine Hauptursache, und nicht so sehr in der häufig angeprangerten Hochhäuserarchitektur: ihre Entfremdung von den traditionellen urbanen Räumen konnte auch nachträglich nicht durch den hilflosen Versuch, neue Beziehungen mittels irgendwelcher Kommunikationsbänder (Autostraßen, U-Bahn usw.) herzustellen, beseitigt werden; solche Mittel haben vielmehr die untergeordnete Funktion und die Unterversorgung, die jenen Räumen im Rahmen der Dialektik von Zentralisierung und Dezentralisierung zukommen, nur noch verfestigt.

c) Konkurrenz der städtischen Böden und Nutzungen

Die historische "Demokratisierung" der Stadt, die allen einen Platz in der Stadt versprach, aber nicht jedem die Garantie dafür gab, hat einen klassenspezifischen Kampf um die Stadt ausgelöst, dessen ökonomischer Aus-

druck eine Art "Konkurrenz" der verschiedenen städtischen Böden und Nutzungen miteinander gewesen ist. Die räumlichen Auswirkungen dieses Kampfes sind immer wieder zu spüren in den existierenden "Brüchen", in der Instabilität bestimmter Strukturen, im notwendigerweise kompromißlerischen Charakter der Planung:
- Von Anfang an wurde die soziale und räumliche "Segregation" zu einem notwendigen Hauptmerkmal der sich entwickelnden modernen Stadt - mit den damit verbundenen Begleiterscheinungen: bruchstückhafte Entwicklung des gesamtstädtischen Gefüges nach eigenständigen Teilen, Trennung dieser Teile voneinander, die durch die "Brüche" an den Nahtstellen markiert und dort auch erfahrbar werden usw.
- Die Konkurrenz der städtischen Böden ist dynamisch: neuere Entwicklungen in der Stadt verändern ständig die Lagevorteile oder -nachteile und damit auch die gesellschaftlichen und ökonomischen Ansprüche auf solche Böden. Daraus ergeben sich grundlegende Unsicherheit und Instabilität insbesondere für baulich-räumliche Strukturen mit untergeordneten Nutzungen (z.b. innerstädtische Arbeiterwohnviertel oder Gewerbegebiete), die, sobald ihre Lage sich verbessert, dem Konkurrenzkampf zum Opfer zu fallen drohen.
- In diesem Zusammenhang konnten Stadtplanung, Städtebau oder Architektur nicht neutral bleiben. In ihren mehr als hundertjährigen Auseinandersetzungen mit der modernen Stadt haben sie bereits verinnerlicht, daß Stabilität, Kontinuität oder Abbruch baulich-räumlicher Strukturen nur abhängige Variablen von politischen und sozialen Konjunkturen sind; deshalb sind ihre Produkte in der Regel Kompromisse und sie selber Vermittlungsmechanismen, die die Funktion tragen, den Konkurrenzkampf der Böden und Nutzungen entsprechend den jeweiligen Situationen zu stabilisieren. Stadtplanung, Städtebau, Architektur sind nolens volens selber zu Faktoren oder Instrumente der Instabilität in der Stadt geworden.

Zweite Bemerkung zur Produktion baulich-räumlicher Strukturen:

Die Privatisierung wesentlicher Vorgänge der Produktion der Stadt (Bodenaufteilung, Parzellierung, Häuserbau usw.) auf der Basis des Privateigentums an Grund und Boden und der individuellen Baufreiheit bildet die materielle Grundlage für die oben geschilderte Art der Verstädterung; sie be-

stimmt außerdem das Wesen der baulich-räumlichen Strukturen unmittelbar mit.
In einer privatwirtschaftlich organisierten Produktion der Stadt werden die baulich-räumlichen Strukturen zu ökonomischen Objekten in einem besonderen Sinne: sie werden teils zu Verwertungsgegenständen als Träger des in sie investierten Kapitals (z.b. Wohnhäuser oder der städtische Boden insgesamt), teils zu Verwertungsinstrumenten des durch sie zirkulierenden Kapitals (z.b. einzelne Objekte wie etwa Geschäftshäuser oder ganze Gegenden wie etwa Geschäftsstraßen oder die "City").
Es bilden sich dabei strukturelle Abhängigkeitsbeziehungen der baulichräumlichen Strukturen von bestimmten Kapitalformen (insbesonders vom Boden-, Kredit- und Handelskapital) - Beziehungen, die vielmehr sind als das, was man mit dem flachen Begriff der "Profitorientierung" ausdrücken könnte:
- Die notwendige Suche nach "marktgerechten" Formen, Typologien, Preisen der städtebaulich-architektonischen Produkte beraubt diese Produkte und die Gestaltungs- und Planungsarbeit ihrer Autonomie: sie gelten in dem Maße und so lange, wie sie den jeweiligen Marktverhältnissen entsprechen.
- Konjunkturen auf dem Kapitalmarkt entscheiden letzten Endes über die Entstehung oder Nichtentstehung bestimmter baulich-räumlicher Strukturen (siehe z.B. die besonders krisenhafte Entwicklung des Kleinwohnungsbaus).
- Der Konkurrenz der Böden und Nutzungen und der damit einhergehenden Instabilität, die wir oben aus einem sozialen Kampf hervorgehen sahen, wird besonderer Nachdruck verliehen durch das ökonomische Bestreben, die ertragreichen Nutzungen durchzusetzen.

Dritte zusammenfassende Bemerkung zur Produktion baulich-räumlicher Strukturen:

- Die unwidersprochen etablierte Art der Verstädterung vermittelt und bringt zur Geltung den sozialen Kampf um die Stadt (um die "bessere" Lage), den privatwirtschaftlichen Charakter der Produktion der Stadt (das Streben nach den "ertragreicheren" Nutzungen) und das gemeinsame Ergebnis von beiden: die Konkurrenz der städtischen Böden und Nutzungen.
- Die sogenannte "Unordnung" ist die zwangsläufige Folge aus dieser Situation: Brüche in der gesamtstädtischen Morphologie, Ungleich-

gewichte hinsichtlich der Versorgung und Gestaltung der einzelnen (groß-) städtischen Räume, Beziehungslosigkeit dieser Räume zueinander, Instabilität (Zerstörung, Wiederaufbau, Umnutzung) des Ganzen und der einzelnen baulich-räumlichen Strukturen usw. Diese "Unordnung" kann nicht als Nebenerscheinung (vorübergehende "Krankheit" oder verfehlte Entwicklung) des Stadtwachstums abgetan werden, sie muß vielmehr als struktureller Bestandteil der modernen Stadt betrachtet werden.

Vierte zusammenfassende Bemerkung zu Entstehung, Wandel und Wesen baulich-räumlicher Strukturen: Baulich-räumliche Strukturen besitzen einen Doppelcharakter:

- Stadtplanung, Städtebau und Architektur betrachten die baulich-räumliche Struktur gewöhnlich als "schöne/unschöne", "funktionale/unfunktionale", "nützliche/unnützliche" usw. Räume. Wenn man meint - und das geschieht häufig -, solche Kategorien können das Wesen der Strukturen zum Ausdruck bringen, dann verselbständigen sich die Strukturen selbst und mit ihnen auch die architektonische oder städtebauliche Arbeit (siehe z.B. die verbreitete Auffassung des Entwurfs als abstrakte - von externen Gesetzmäßigkeiten weitgehend unabhängige -, künstlerische oder funktionale Formgebung oder -erfindung.
- Im Wesentlichen sind jedoch die baulich-räumlichen Strukturen "ökonomische" Räume. Dies äußert sich vor allem in der Tatsache, daß über ihr Entstehen und besonders über ihre Kontinuität bzw. die Art ihres Wandels nicht nach rationalen Kriterien im disziplinären Rahmen entschieden wird, sondern vielmehr im außerdisziplinären Zusammenhang der Verstädterung, d.h. des sozialen Kampfes um die Stadt, der privatwirtschaftlich organisierten Produktion der Stadt, der Konkurrenz der städtischen Böden und Nutzungen (Nutzer).

So kommt es dazu, daß baulich-räumliche Strukturen entstehen, bestehen, sich so oder so wandeln oder einfach zerstört werden, nicht weil sie "schön" oder "unschön", "funktional" oder "unfunktional" sind, "Gebrauchswert" haben oder nicht usw. , sondern - weitgehend unabhängig von derartigen Eigenschaften - weil sie "profitabel" oder "unprofitabel" sind, von einer mächtigen Nutzergruppe beansprucht oder abgestoßen werden usw. usf.

Fünfte Bemerkung zur Rolle von Stadtplanung, Städtebau, Architektur: Diese Disziplinen sind allein mit ihren spezifischen Methoden und Instrumenten nicht in der Lage, den Zusammenhang von Verstädterung und Unordnung zu beseitigen und die immanenten Eigenschaften der einzelnen baulich-räumlichen Strukturen gegen die Zwänge ihres "ökonomischen" Wesens geltend zu machen, d.h. solche Eigenschaften zur Grundlage eines rationalen Projektes für eine neue städtische Ordnung zu erheben.

Mit dieser ihrer eigenen Ohnmacht konfrontiert, haben die etablierten Disziplinen der Stadtplanung, des Städtebaus und der Architektur in der Regel einen doppelten Weg eingeschlagen, in dem Ideologie und Praxis sich zweckmäßig ergänzen mit der Folge, daß die vorgefundenen Verhältnisse verfestigt werden.

In einem ersten Schritt haben sie die wirkliche städtische Unordnung durch eine esoterische Sprache verschleiert. Eine wesentliche Charakteristik dieser Sprache, die teils der Tradition (z.B. der Stadtbaukunst), teils neueren Fremddisziplinen (der Hygiene, der Soziologie usw.) entnommen wird, ist, daß sie lediglich einige Erscheinungen der Unordnung, nicht aber deren Ursachen erfassen kann; nach dieser Sprache sind z.B. innerstädtische Brachflächen, Slumgebiete, Gemengelagen u. ä. "unschöne" Gebilde, "Schandflecken" oder besser: "morphologische Brüche"; im 19. Jahrhundert war die Mietkaserne der "Hauptfeind der öffentlichen Gesundheit und Ordnung" und das Sinnbild der "Versteinerung" der Landschaft - heute sind es die Wohnsilos auf der grünen Wiese.

Mit dieser Sprache über Erscheinungen kann weder die städtische Unordnung analysiert noch ihre Ursache erkannt werden: die Unordnung erscheint dort lediglich als Reparaturbedarf der Stadtmaschine. Die von dieser Anschauung ausgehende Praxis verrichtet die notwendigen Reparaturarbeiten und versucht, die schlimmsten Auswüchse der Unordnung zu beseitigen: "Schandflecken" werden saniert, ohne daß man verhindern kann, daß sie an anderen Stellen wieder entstehen; gigantische Kommunikations- und Verkehrsbänder halten notdürftig das auseinanderfallende Territorium zusammen und erzeugen tagtäglich noch erschreckende Symptome der Unordnung, die sie verdecken sollen: Verkehrschaos, Entfremdung der Bewegung durch ihre Reduktion auf den motorisierten Transport, Entpersonifizierung und Entleerung der Kommunikation; kurz vor der Jahrhundertwende wurden die "Mietkasernen" reformiert, d.h. durch die Erfindung der "abgeschlossenen" Klein- oder Kleinstwohnung und durch Ver-

besserung der Gebäudeerschließung und der Haustechnik erträglicher gemacht, durch ihre Verbannung aus den "besten" Gegenden und ihre Konzentration in peripherer Lage mit dem gesamten Stadtkörper "versöhnt" und somit als städtische Stadttypologie für die Zukunft festgeschrieben; in ähnlicher Form sucht man heute nach Reparaturkonzepten für die Wohnsilos auf der grünen Wiese, denn wieder geht es nur um Äußerlichkeiten: Farben, Fassaden, Höhe, sog. "kommunikative" Räume usw., die die angeborene Unordnung solcher Anlagen (Lage, räumliche Entfremdung von der Stadt, soziale Entfremdung von der Gesellschaft, strukturelle Unterversorgung, Monofunktionalität) erträglicher machen sollen.
Derartige Reparaturarbeiten werden häufig "Rationalisierung" genannt - ein usurpatorischer Begriff, der die Illusion suggeriert, in der "unschönen", "irrationalen", "brüchigen", "unzweckmäßigen" städtischen Wirklichkeit stecke ein wesentlicher Kern von Rationalität und Harmonie, der durch solche Maßnahmen befreit werden könnte; ein Begriff, der verheißt, die Unordnung könnte durch die Bekämpfung der Symtome, aber auch nur der vordergründig sichtbaren, in Ordnung verwandelt werden. Diese Reparaturarbeiten könnten auch mit dem teils zynischen, teils resignativen Spruch eines Klassikers des modernen Städtebaus chrakterisiert werden: ein sehr früher Offenbarungseid der Disziplin über die eigene Ohnmacht gegenüber der Übermacht der Unordnung: "überall das mit erreichbaren Mitteln Erreichbare zu erreichen versuchen" (Stübben).
Dieser die Realität beherrschende Zusammenhang von Sprache und Praxis ersetzt das fehlende Verhältnis von wissenschaftlicher Theorie und Praxis und charakterisiert die niedrige Stufe von Verwissenschaftlichung, auf der sich Stadtplanung, Städtebau und Architektur heute noch - nach mehr als 100 Jahren "moderner Entwicklung" - befinden: die Begriffe sind unfähig, die städtische Wirklichkeit zu analysieren und die Sprache ungeeignet, sie auszudrücken; dazwischen steht eine kopflose Praxis ohne wissenschaftliche Begründung, die gegen Theorie agitiert und in der anti-theoretischen Gebärde die ihr fehlende Legitimität sucht.

Diese letzten Bemerkungen zum Wesen der baulich-räumlichen-Strukturen und zur Rolle von Stadtplanung, Städtebau und Architektur sollen nun anhand einiger historischer Beispiele illustriert werden.

Die Fluchtlinienplanung wurde von Anfang an in der Ideologie des modernen Städtebaus als das Instrument dargestellt, das der Stadt die einheitliche und geordnete Form zurückgeben, die zersplitterten individuellen Bauinitiativen vereinheitlichen und sie einem überindividuellen Ordnungsprojekt für die Stadt verpflichten sollte. Aber das entsprach einer historischen Rolle des Instrumentes in einer absolutistischen Epoche der Landesfürsten, die unwiderruflich der Vergangenheit angehörte.
In der neuen Planungspraxis unter kapitalistischen Bedingungen stellte sich die Fluchtlinienplanung deutlich als bloßes Behelfsmittel in einer Notsituation heraus, die aus der Verallgemeinerung der individuellen Baufreiheit entstanden war und sich als Autoritätsverlust überkommener Obrigkeitsplanung erwies. Die Fluchtlinienpläne des 19. Jahrhunderts z.B. folgten in der Tat keinem ideellen Ordnungsprojekt, sondern vielmehr den konjunkturellen Entwicklungen auf dem Boden- und Wohnungsmarkt. Sie hatten in erster Linie ökonomische Funktionen zu erfüllen, die in den jeweiligen lokalen Situationen vorgegeben waren: mal den Zugang zu den gerade verfügbaren Bauparzellen einfach und billig herzustellen, mal in den Konkurrenzkampf der Böden ordnend einzugreifen, d.h. durch sorgfältige "Dosierung" der Fluchlinien-Vergabe die Erschließung der von den Investitionen bevorzugten Terrains zu erleichtern oder den städtischen Bodenmarkt überhaupt vor einer allzu freien und destabilisierenden Konkurrenz zu schützen - immer darauf achtend, daß die festgelegten Erschließungsformen der öffentlichen Hand wenige Kosten verursachen und auf geringen oder gar keinen Widerstand bei den Grundbesitzern stoßen würden.
Die Idee der "Generalbebauungspläne", die die Möglichkeit geboten hätten, die Bodennutzung und die Entwicklung der Bebauung vorbereitend zu regeln, wurde schon in den Anfängen heftig kritisiert und bald aufgegeben: sie blieb Thema für Prestige-Wettbewerbe. Stattdessen bestand die tatsächliche Bebauungs- oder Fluchtlinienplanung in jeder einzelnen Stadt aus vielen, zusammenhanglosen Teilprojekten, die nach und nach der Investitionsbereitschaft von Privatinvestoren folgten: sie erfaßten vornehmlich die vom Kreditkapital und der Bodenspekulation bevorzugten stadtnahen Erweiterungsflächen. Infolgedessen vernachlässigte die Fluchtlinienplanung die ökonomisch schwachen Räume - z.B. die entfernten Peripherien oder die Vororte, auch wenn hier das städtische Wachstum genauso intensiv eingesetzt hatte, sowie jene anderen Räume, wo bei einer geplanten Veränderung der bestehenden Verhältnisse großer Widerstand von Seiten des Grundbesitzers zu erwarten war - wie z.B. in den bereits bebauten Innenstädten.

Im großen Rahmen bestätigte also die Fluchtlinienplanung das Ungleichgewicht der vorgegebenen gesamtstädtischen Struktur, das heute noch die modernen Großstädte prägt: die Innen- bzw. Altstadt, die teils verkommt, teils einem intensiven und kaum kontrollierbaren Wandlungsprozeß der Verdichtung, des schnellen baulichen Verschleißes, der Umnutzung, der zerstörerischen Konkurrenz zwischen City und deren Rand- oder Slumgebieten usw. unterworfen ist; die sorgfältiger geplanten Neubaugebiete in unmittelbarer Stadtnähe; die mehr oder weniger (un-) geplante Urbanisierung des vorstädtischen Umlandes.

Auch im kleinen Rahmen konnte die Fluchtlinienplanung die Frage der Stadtmorphologie nicht lösen. Die einzelnen Fluchtlinienpläne waren nicht auf der Basis der neuen wissenschaftlichen Prinzipien des Städtebaus aufgestellt - Prinzipien, die in der Theorie die Fortschritte der Hygiene, der Ingenieurwissenschaften und des Verkehrswesens sowie die neuen großstädtischen Lebensformen berücksichtigen wollten. In der Regel orientierten sie sich vielmehr bei der Festlegung des Straßensystems (und dadurch indirekt bei der Festlegung der Baublöcke, Bauparzellenformen) an der vorhandenen Bodenbesitzstruktur bzw. an den partikulären Zielen des gerade tätigen Investitionskapitals. In Deutschland kristallisierte sich in den meisten Fluchtlinienplänen jener rasterförmige Stadtgrundriß mit übermäßig großen Baublöcken heraus, den die Stadtbaukünstler mit Geringschätzung "schablonenhaft" nannten, die sich aber in dem Maße durchsetzen konnten, indem hier die Interessen der Bauproduktion, beherrscht vom Diktat des Kreditkapitals und getragen von mittellosen Bauunternehmern, Platz fanden. Darüber hinaus mußte die Zerstückelung der Fluchtlinienplanung in viele Einzelprojekte, von denen jedes unterschiedlichen partikulären Interessen folgte, zu zahlreichen Brüchen in der Kontinuität der gesamtstädtischen Morphologie führen, die heute noch leicht spürbar sind.

Diese durch die ökonomische und soziale Organisation der Produktion der Stadt bedingten Unzulänglichkeiten der Fluchlinienplanung waren bereits vor der Jahrhundertwende gut bekannt. Die damals entworfenen Alternativen setzten jedoch nicht bei der Bekämpfung der Ursachen, sondern vielmehr bei der Erfindung neuer planerischer oder städtebaulicher "Sprachen" ein: z.B. bei der "Bauzonenplanung" oder bei der Ästhetisierung des Stadtgrundrisses.

Die Bauzonenplanung sollte der Ideologie nach jene ideelle, großräumliche Ordnung sicherstellen, an der die auseinanderfallende Fluchtlinienplanung gescheitert war. Die angestrebte Ordnung war eine präzise, zweckmä-

ßige Gliederung des gesamten städtischen Territoriums nach "Zonen" unterschiedlichen baulichen und funktionalen Charakters. In der Tat orientierten sich jedoch die Bauzonenpläne an der Optimierung einer vorgefundenen Hierarchie von städtischen Böden, Nutzungen/Nutzer und Funktionen: von dieser Hierarchie wurden die Bau- und Nutzungsvorschriften für die einzelne "Bauzone" abgeleitet, die angeblich die Stadtentwicklung steuern sollten. Die angestrebte Ordnung wurde so ausdrücklich zur rationalisierten Widerspiegelung des in jeder einzelnen Stadt gegebenen Standes der Konkurrenz von Böden und Nutzungen und des sozialen Kampfes um die Stadt, insbesonders zur Widerspiegelung des von den verschiedenen städtischen Böden erreichten Grundrentenniveaus.
So kam es dazu, daß die Bauzonenpläne wiederum die Ungleichgewichte und Brüche im gesamtstädtischen Gefüge bestätigten, und zwar auf einem viel höheren Rationalisierungsniveau und - dank der genauen Vorschreibung entsprechender Bauformen - viel präziser als alle Fluchtlinienpläne: der intensive Wandlungsprozeß in den gebauten Innenstädten wurde durch die Zulassung der höchsten Verdichtungswerte lediglich gefördert, aber auf gar keinen Fall gesteuert; in den städtischen Erweiterungszonen wurde unterschieden zwischen bürgerlichen Wohnvierteln, die durch den Ausschluß von Gewerbe und durch die Vorschreibung offener, weiträumiger Bauformen geschützt werden sollten, und "gemischten" oder Arbeitervierteln, auf die dank der Zulassung von hoher Baudichte und Gewerbe die ganze Last der Bodenspekulation und der Industrialisierung abgewälzt wurde; die problematischen Wachstumsräume des Umlandes wurden bei dieser Art von "Generalplanung" zwar thematisiert, aber in der Planungspraxis so behandelt, daß ihre subalterne Funktion im großstädtischen Gefüge und ihr suburbaner Charakter verfestigt wurden.
Der ganzheitliche Planungsanspruch der Zonenbauordnungen ist später bei der Entwicklung neuerer Planungsverfahren oder städtischer Leitbilder immer wieder aufgegriffen worden - allerdings viel abstrakter und deshalb auch weniger effektiv: so z.B. in der Idee der "Landesplanung" während der 20er Jahre oder in den neueren Varianten der Bauzonenplanung, wie etwa Flächennutzungs-, Stadtentwicklungs- oder Strukturpläne der Nachkriegszeit. Allen gemeinsam ist das seit den 70er Jahren des vorigen Jahrhunderts heranreifende Leitbild der "funktionalistischen Stadt", das seit den 20er Jahren zum Sinnbild der "gesunden" "Stadtmaschine" wurde. Der einseitige Gedanke der "Funktionalität", die sich im Städtebau einbürgerte, machte die unfunktionale und antiurbane Trennung der städtischen Räume (für Citynutzungen, Wohnen, Erholung, Arbeiten) konsensfähig für die

ganze spätere städtebauliche Kultur und förderte damit die allgemeine Herstellung von monofunktionalen und unflexiblen (daher auch besonders krisenanfälligen) baulich-räumlichen Strukturen.

Die klassische Debatte um "krumme oder gerade Straßen" setzte seit den 70er Jahren des 19. Jahrhunderts unter ganz neuen historischen Vorzeichen wieder ein. Es gelang dabei, das komplexe Problem der Fluchtlinienplanung auf ein formales Problem der Architektur der Großstadt und, innerhalb dessen, auf ein kulturelles Problem der "Urbanität" und der Ästhetik zu reduzieren. Kurzerhand wurden die in den Fluchtlinienplänen vornehmlich verwendeten geraden und breiten Straßen zur Ursache eines "langweiligen" und "monotonen" Stadtbildes in den Neubaugebieten und einer neuen, großstädtischen "Urbanität", die als Bedrohung empfunden wurde - zeigte doch solche Urbanität die Massengesellschaft in Aufmarsch und bedeutete sie, neben Anonymität und Freiheit für das Individuum, auch Auflösung der alten sozialen Bindungen und Werte der Kleingemeinschaft (Solidarität, Gruppenzugehörigkeit, Standesordnung usw.).
Wenn nun die Übel der modernen Großstadt in erster Linie ästhetischer und kultureller Natur waren, und wenn sie einen Ursprung im neuen Städtebau hatten, so schien ihre Beseitigung durch eine andere städtebauliche Form möglich. Die angebliche Lösung hieß "krumme Straße" - bloß eine Metapher (und keine technisch ausgereifte Lösung) für einen "naturwüchsigen", "unregelmäßigen" Stadtgrundriß, der Grundlage für gleichermaßen neue Ästhetik und Urbanität der Großstadt werden sollte und dessen Eigenschaften sehr unpräzise in den ausgeliehenen "Sprachen" einer primitiven Kommunikationssoziologie (Steigerung der "sozialen Kontakte"), der konservativen Kultursoziologie (Wiederherstellung der "Kleingemeinschaft"), der subjektiv-visuellen Ästhetik ("malerische", "kurzweilige" Straßenbilder) und der Hygiene ("Kleinhäuser", Schutz vor Wind und Staub) beschrieben wurden. Dem angestrebten, anarchischen Stadtgrundriß lag allerdings auch ein gesamtstädtisches Ordnungskonzept zugrunde - etwas, was der in der Praxis zerstückelten Fluchtlinienplanung tatsächlich fehlte -, nämlich die anachronistische Ordnungsvorstellung eines "organischen" Zusammenhangs von selbständigen Stadt-Teilen (d.h. die alten sozio-ökonomisch differenzierten "Quartiere").
Auf einen ersten Blick erscheint diese Debatte um "krumme oder gerade Straßen" widersprüchlich, weil die Argumente für und wider unregelmäßige/kleinteilige bzw. regelmäßige Strukturen in der Tat austauschbar waren - so konnte es auch von den Verfechtern der geraden, breiten Straßen be-

hauptet werden, diese seien "kontaktfördernd" (große Geschäftsstraßen, Prachtpromenaden usw.), visuell abwechslungsreich und "schön" (z.B. wenn die Fassadenarchitektur und die Verhältnisse von Straße und Gebäudeproportionen stimmen, wenn die offene-geschlossene Perspektive des "point de vue" vorhanden ist usw.), "hygienisch" (wegen der besseren Belichtung, Besonnung und Belüftung) usw. usf. Daraus läßt es sich unschwer auf den ideologischen Charakter dieser Argumente und Sprache schließen, die nicht durch objektive Beobachtungen begründet waren, sondern vielmehr vorgefaßte Positionen nachträglich legitimieren sollten. Da die Positionen nicht objektiv begründet waren, hat die Debatte nie abgeschlossen werden können: sie flackert - wie heute - immer wieder auf.

Und dennoch stehen wir vor einem ernsthaften Problem des Städtebaus, das nur in der sprachlichen Verkleidung zu einem Un-Problem (und daher real zu einem scheinbar unlösbaren Problem) geworden ist. Das Un-Problem ist die Frage der Fähigkeit bestimmter baulich-räumlicher Formen, soziale oder kulturelle Werte zu erzeugen bzw. ästhetische Werte darzustellen: man überschätzt dabei die Bedeutung baulich-räumlicher Formen und man vergißt, daß sie nur Behälter für bereits vorhandene soziale und kulturelle Werte - ja innerhalb gewisser Grenzen flexible Behälter für häufig unterschiedliche Werte sind -, man übersieht, daß ästhetische Werte nur Meinungen sind (im schlimmsten Fall Vorurteile); Formen können diese Meinungen bestätigen oder widerlegen, aber darin ist keine objektive Aussage über die Form selbst enthalten; Formen können in ästhetischer Hinsicht nur strittig sein.

Hinter diesem Un-Problem oder dieser Überschätzung der Bedeutung der Form verbirgt sich und kommt nicht zur Sprache das "ernsthafte" Problem, das identisch ist mit jenem, oben angedeuteten, der Fluchtlinienplanung: die Frage nach Chancen und Grenzen von Planungsrationalität innerhalb des historisch neuen Systems der Produktion der Stadt. Die moderne Fluchtlinienplanung strebte ursprünglich bei der Bodenaufteilung nach einer historischen Form des Stadtgrundrisses - dem geometrischen, rechtwinkligen Raster mit, der Bebauung entsprechend, breiten Straßen -, das sich von den antiken bis zur neuzeitlichen Stadt erfahrungsgemäß als sehr vorteilhaft erwiesen hatte: es war "ökonomisch" hinsichtlich des Bodenverbrauchs und der Gewinnung von leicht bebaubaren Parzellen; zweckmäßig und flexibel hinsichtlich der Funktionsteilung und der künftigen Stadterweiterung. Dieses Streben nach der klassischen Form war jedoch vergeblich unter den neuen Produktionsbedingungen der modernen Stadt, nämlich: private Verfügungsgewalt über den städtischen Boden und individuelle Baufreiheit,

die den Handlungsspielraum der obrigkeitlichen Planung wesentlich eingeschränkt hatte. Überdies ergab sich für die öffentliche Planung der ökonomische Zwang hinsichtlich der Bodenaufteilung zur Minimierung der öffentlichen Räume - insbesondere der Straßen - bzw. zur Anpassung des Straßensystems an die vorhandenen Bodeneigentumsverhältnisse. Unter diesen Bedingungen verlor die klassische Rasterform ihre Allgemeingültigkeit; in der Praxis stellten sich zwei verschiedene Zwangssituationen heraus:
- in Stadterweiterungsgebieten auf unbebautem Boden und mit einer mehr oder weniger zusammenhängenden Bodeneigentumsstruktur wurde die regelmäßige Bodenaufteilung in Rasterform zur meistverbreiteten Grundlage des spekulativen Großmiethausbaus (4- bis 6-geschossige Randbebauung mit Hintergebäuden auf sehr großen und tiefen Bauparzellen); daraus gingen jedoch notwendigerweise gewisse Formänderungen des klassischen Rasters hervor: die Reduktion der Zahl von Straßen, ihre Verbreiterung und als Folge davon übermäßig große Baublöcke (in den Vordergrund wurden Verkehrsbedürfnisse gestellt; in der Tat handelt es sich um Straßenbreiten, die die Realisierung der in den Bauordnungen zugelassenen Höchstgebäudehöhen ermöglichten, und um eine Reduzierung der Zahl von Straßen (, die das wertvoll gewordene Bauland schonte und die notwendigen Enteignungsfälle begrenzte).
- In bereits bebauten Stadtgebieten oder auf Erweiterungsflächen mit kleinteiliger, zersplitterter Bodeneigentumsstruktur war die Zwangssituation für die Fluchtlinienplanung völlig anders: hier mußte der neue Stadtgrundriß dem Wirrwarr von Eigentumsgrenzen und vorhandenen Wegen streng angepaßt werden, um teuere und langwierige Enteignungsverfahren oder die damals noch kaum praktikable Umlegung zu vermeiden. Daraus ergaben sich zwangsläufig unregelmäßige, in der Regel kleinteilige Formen.

Es ist der zweifelhafte Verdienst der deutschen Debatte um "krumme oder gerade Straßen" vor dem Ersten Weltkrieg, an der namhafte Städtebautheoretiker beteiligt waren, das politische Problem des Verlustes von Planungsfreiheit und -rationalität in einen Formkonflikt verwandelt zu haben. Am geschicktesten gingen allerdings die Verfechter der "krummen" Straße vor: aus dem bodenökonomischen und bodenpolitischen Zwang zur "Unregelmäßigkeit" machten sie ein stadtmorphologisches Universalkonzept des Malerischen und Kleinteiligen als Grundlage für die Rettung einer utopischen Kleingemeinschaft in der Großstadt. Nur einige, wie etwa C. Sitte, sprachen noch den Zusammenhang z.B. mit dem Umlegungskonflikt offen aus (Der Städtebau 1904 . . .).

Das Konzept des Malerischen und Kleinteiligen ist allerdings nur im Rahmen der Städtebaukultur oder -ideologie erfolgreich gewesen. In der Planungspraxis spielte es eine Rolle lediglich beim Entwurf von Wohnvierteln für Wohlhabende oder von einigen Prestigeobjekten im Bereich des Werkssiedlungsbaus.
Bis zu den Kriegszerstörungen wurden die deutschen Altstädte weitgehend erhalten und von planmäßigen Durchbrüchen, Straßenbegradigungen oder -erweiterungen und zonenweisem Umbau verschont. Man könnte meinen, unregelmäßige, kleinteilige Formen hätten hier Stabilität und Kontinuität gezeigt und das Prinzip der Unregelmäßigkeit hätte sich mindestens im Bereich der Stadterhaltung bewährt. Die Gründe für diese Kontinuität und Stabilität waren jedoch nicht ideeller, sondern materieller Natur: das Fehlen einer fortschrittlichen Gesetzgebung in Bezug auf Enteignung und Umlegung, das Fehlen einer kapitalstarken Trägerschaft für den Stadtumbau (das deutsche Bau- und Kreditkapital war fast ausschließlich im sichereren Geschäft der Stadterweiterung engagiert) und die in den Stadtparlamenten politisch verankerte Macht des traditionellen Klein-Hauseigentums.

Geplante Stadterweiterungen aus der sogenannten "Gründerzeit" bis zum Ersten Weltkrieg gelten heute - zur Zeit eines neuen konjunkturellen Höhepunktes des städtischen Wohnens - als baulich-räumliche Strukturen mit hervorragenden urbanen Werten: innerstädtisches Wohnen in der Nähe von City-Dienstleistungen, aber teilweise ohne die Nachteile der City-Lage (intensiven Verkehr, Lärm, Luftverschmutzung usw.); ausgewogene Mischstruktur aus Wohnen, Kleingeschäften und kaum störendem Kleingewerbe; Anpassungsfähigkeit an moderne Wohn- und städtische Standards.
In einem gewissen Sinne ergeben sich solche Werte aus immanenten Eigenschaften der baulich-räumlichen Formen selbst, wie etwa z.B.:
- ihre hervorragende Lage im gesamtstädtischen Gefüge;
- die Vielfältigkeit ihrer städtebaulichen Elemente, die häufig einen ausgewogenen Zusammenhang aufweisen von maßvoll breiten Straßen (evtl. durch Wohnstraßen und Promenaden ergänzt), Plätzen, kleinen Parks oder Grünanlagen und geschlossener Bebauung oder "Block", der wiederum im Inneren weitere offene Räume enthält;
- die Flexibilität der Gesamtanlage und ihrer einzelnen Elemente, die veränderten Ansprüchen an Wohnen und Urbanität leicht gerecht werden können, wofür es auch formale Gründe gibt: die Vielfältigkeit der Gebäude- und Wohnungstypologie und ihre leichte Veränderbarkeit für Wohnnutzung zeitgemäßen gehobenen oder mittelständischen Charak-

ters oder für private Dienstleistungen ohne umfassende Umbaumaßnahmen; das Reservoir für unterschiedliche Nutzungen, die die inneren Blockflächen darstellen; die Fähigkeit des Straßenraums, den modernen, fließenden und ruhenden Verkehr in einem gewissen Umfang aufzunehmen;
- die geschlossene Blockbebauung, die den urbanen Charakter des Straßenraums hervorhebt, das Wohnen auf die lebhafte Straße bezieht, es aber gleichzeitig von ihr abhebt und vor ihr schützt, um es wieder auf die ruhigen Räume des Blockinneren hin zu öffnen;
- schließlich die überschaubare und orientierende Geometrie der Gesamtanlage, die häufig klassische, formale Grundsätze berücksichtigt, die die Identität des Quartiers (und eine ideelle Identifikation mit ihm) mitten in der Großstadt bewahren (z.B. regelmäßige Straßensysteme, die bescheidene "points de vue", orientierende Zentrumsbildung usw. entstehen lassen): hier können Großstädter ihre Sehnsüchte nach der Geborgenheit und der Kleingemeinschaft der alten Stadt, die zuletzt beim außerstädtischen Wohnen in der Landschaft enttäuscht wurden, in einer neuen sublimierten Form erfüllen.

Natürlich wird bei dieser Betrachtungsweise mancher Stadterweiterungen aus der "Gründerzeit", die sich heute im Aufwertungsprozeß befinden, einiges mythologisiert: die Sehnsucht nach einer in der Großstadt verlorengegangenen, auf der Grünen Wiese nicht wiedergefundenen und in der Erinnerung nur wage vorhandenen "Urbanität" wird auf alte - mehr aus Glück als aus städtebaulichem Verstand erhaltene - baulich-räumliche Strukturen projiziert, ohne die wahren Gründe für den unwiderruflichen Verlust jener "Urbanität" näher zu erforschen; die Enttäuschungen über den Nachkriegsstädtebau werden hierdurch geheilt: mit der Verklärung jener alten Strukturen wird auch eine ganze vergangene Epoche des Städtebaus verklärt und die Heilungstherapie heißt: Rückkehr auf die heiligen Ursprünge. In anderen Worten: man hält solche baulich-räumlichen Strukturen für eine Lösung für die Stadt und den Städtebau, denn - das ist die Schlußfolgerung aus der verklärenden Betrachtungsweise - sie scheinen gegenüber dem sonstigen Zerstörungswerk des allgemeinen Wandels historische "Kontinuität" aufzuzeigen, "stabil" und fähig zu sein, dem Wandel zu trotzen und ihn gleichzeitig in sich aufzunehemen - ein tatkräftiges Beispiel also für die prinzipielle Leistungsfähigkeit von Planung (sogar in ihrer einfachsten Form als "Fluchtlinienplanung").

Dazu zwei Bemerkungen: erstens handelt es sich hier um eine selektive Betrachtungsweise, die, von bestimmten Gruppeninteressen (der sogenannten "neuen städtischen Mittelschicht") ausgehend, sich auf wenige "Prestige"-Beispiele konzentriert und die große Masse der Bauproduktion aus der "Gründerzeit" außer Acht läßt; zweitens kann eine andere - historische - Betrachtungsweise auch bei diesen "Prestige"-Beispielen hinter ihrem Harmonieschein die Spuren der ungelösten Probleme entdecken, unter denen seit damals die Stadt und die Planung zu leiden haben: unaufhaltsamer Verschleiß, Unstabilität, Diskontinuität und Brüche der baulich-räumlichen Strukturen, Machtlosigkeit der Planung, der ihr Gegenstand immer entgleitet, unüberbrückbare Kluft zwischen der Sprache des Städtebaus und der Wirklichkeit.

Betrachten wir zunächst den letzten Punkt. Bei der Stadterweiterungsplanung des 19. Jahrhunderts wurden in erster Linie sozialreformerische Ziele, in einem gewissen Umfang auch baukünstlerische Ziele vorgeschoben. Dementsprechend bediente man sich einer Sprachmischung aus dem Bereich der traditionellen Stadtbaukunst, aber vor allem aus den neuen Bereichen der Hygiene-, Wohnungs- und Bodenreformbewegung. Die Stadterweiterungsplanung sollte der Stadt die formale Einheit und die "Schönheit" zurückgeben, die nach der Verdichtung und Umwandlung der Altstädte und der Entstehung der ersten Industrie- und Arbeiterbezirke verlorengegangen war; aber sie sollte vor allem die allgemeine Wohnungsnot quantitativ und qualitativ lösen. Der Stadterweiterungsplanung wurden allerlei Funktionen, Wirkungen und Nebenwirkungen zugeschrieben: die Reorganisation der Privatinitiative(n) innerhalb übergeordneter Planungsprojekte; die Steuerung des Bodenmarktes, um die freie Konkurrenz und das Gleichgewicht von Baustellenangebot und differenzierter Nachfrage herzustellen und die Bodenpreise zu stabilisieren; d.h. im großen und ganzen die Fähigkeit, materielle Bedingungen bereitzustellen, um genügenden Wohnraum für alle mit "viel Licht und Luft" neu zu schaffen - oder zumindest um den Auszug der "Wohlhabenden" aus den übervölkerten Innenstädten planmäßig zu organisieren, deren alte Wohnungen dann den "Minderbemittelten" zur Verfügung stehen würden.

Die Wirklichkeit der Stadterweiterungsplanung war jedoch in der Tat ganz anders. Betrachten wir z.B. nur die Planung des ersten Erweiterungsringes, wo sich die meisten Anlagen befinden, die heute als Argument für die Beispielhaftigkeit des damaligen Städtebaus angeführt werden, so treffen wir auf eine sehr widersprüchliche Wirklichkeit: zuallererst auf ein räumliches Durcheinander von "soliden" und "unsoliden" Neubauprojekten, dann auf die fortschreitende Verslumung der alten innerstädtischen Wohnorte und schließlich auf Zufälligkeit und große historische Instabilität hinter der "soliden" Fassade der besten Projekte selbst. Es wäre falsch, diese Widersprüchlichkeit einer fehlerhaften Planung zuzuschreiben, sie war vielmehr das zwangsläufige Ergebnis der Abhängigkeit der Planung vom sozialen Kampf um die Stadt und vom Konkurrenzkampf der städtischen Böden. Auf der einen Seite finden wir also scheinbar sorgfältig geplante und durchgeführte Stadterweiterungsanlagen, die dem Zweck der Schaffung von bürgerlichen Wohnquartieren dienten. Dem Bürgertum, nachdem es infolge von Citybildung und Überbevölkerung der Stadtkerne gezwungen wurde, seinen angestammten Wohnstandort in der Altstadt zu verlassen, wurde ein privilegierter Platz in der Neustadt bereitgestellt: gewisse Teile des ersten Erweiterungsringes bekamen so eine Nutzung zugewiesen, die ihrer hervorragenden Lage und ihrem entsprechend hohen Grundrentenniveau gerecht war. In diesem Fall war es gerade die einseitige Orientierung der Erweiterungsplanung an den Bedürfnissen einer gesellschaftlichen Minderheit von Wohlhabenden und an den Gesetzmäßigkeiten des Bodenmarktes, die möglich machte, daß Teile des ersten Erweiterungsrings mit "soliden" städtebaulichen Projekten scheinbar ordentlich geplant und gebaut werden konnten. Die Abhängigkeit der Stadtplanung von den gesellschaftlichen Klassenverhältnissen und vom Bodenmarkt wurde schon hier zur Methode, aber paradoxerweise war es in dem Fall gerade diese Abhängigkeit, die die Fluchtlinienplanung als Instrument eines scheinbar künstlerischen und "soliden" Städtebaus rettete und der Stadt ihre schönsten neuen Anlagen bescherte.

Auf der anderen Seite war jedoch jene gleiche Abhängigkeit, die auf den restlichen Erweiterungsgebieten die offensichtliche planerische und bauliche Unordnung herbeiführte und zur allgemeinen Aufgabe der ursprünglichen Reformziele zwang. Der gesamtstädtische Bodenmarkt spürte wenig Positives von der Vermehrung des Baulandes durch große Stadterweiterungspläne: der Baulandüberschuß heizte nur die Boden- und Häuserspekulation an, denn jeder Bodenteilmarkt, nach intensivster Grundrentenabschöpfung strebend, folgte selbständig seinen eigenen Gesetzmäßigkeiten bei der Preisbildung und der Gestaltung des Baustellenangebots. Das hieß für die nicht bürgerlichen Neubauviertel, daß hier die spekulative Mietkasernenbebauung - und keineswegs die "freie Konkurrenz" der Marktkräfte oder ein angebliches "Gesetz von Angebot und Nachfrage" - das Bodenpreisniveau und wesentliche stadtmorphologische Elemente wie etwa Straßen, Baublöcke und Parzellen bestimmte. So nahm die Fluchtlinienplanung in der Peripherie jenseits des ersten Erweiterungsrings, aber auch im größten Teil dieses ersten Rings, das lagemäßig oder aus anderen Gründen für das bürgerliche Wohnen ungeeignet erschien, jene "schablonenhafte" und ungeordnete Form an, die u. a. ein stadtmorphologisches Chaos herbeiführte. Das stellt jedoch gleichzeitig die notwendige Kehrseite des Städtebaus des 19. Jahrhunderts dar: routinemäßige Erschließung durch breite Straßen und große Baublöcke, die der Privatinitiative die größte Freiheit bei der Parzellierung und der Bebaung gewährte, unkontrollierte Bebauungsformen, in denen sich das neue städtische Elend konzentrierte. Auch die Altstädte, nachdem die "guten" Wohnungen vom Bürgertum verlassen wurden, wurden weitgehend planlos der Dialektik von Citybildung und Verslumung überlassen, wobei der soziale Abstieg der City-Randgebiete keinesfalls die erhoffte Senkung der Wohnpreise, sondern vielmehr eine intensivere Abschöpfung der Grundrente durch die Ausbeutung der Wohnungsmisere - durch Wohnungsteilung, Aufstockung, Bebauung der noch freien Räume, Investitionsausfall usw. - und schließlich den baulichen Verfall hervorbrachte.

Kehren wir nun zurück zu den bürgerlichen Neubauvierteln, die allein den neueren Mythos über den künstlerischen Charakter und die Solidität des Städtebaus des 19. Jahrhunderts sowie über die Wirksamkeit damaliger Fluchtlinienplanung begründen könnten. Bisher habe ich von "angeblich" soliden Projekten gesprochen. In der Tat mußten immer gewisse materielle Voraussetzungen vorhanden sein, damit die Planung solcher Projekte einheitlich und dem Schein nach rational erfolgen durfte: z.B. das Vorhandensein öffentlichen Bodenbesitzes oder zumindest zusammenhängenden Privatbesitzes in den Händen einer großen Terrain- oder Baugesellschaft, dazu auch die Bereitschaft des Kreditkapitals, gerade solche "soliden" Projekte zu unterstützen. Derartige Voraussetzungen waren jedoch nicht systematisch und beliebig durch die Planung herbeizuführen, denn sie waren vielmehr von zufälligen lokalen Verhältnissen abhängig und nicht immer mit der Grundausrichtung der Bauproduktion zu vereinbaren, z.B. selten mit der Ausrichtung der beiden Hauptträger der Bauproduktion - der Bodenspekulation und des Kreditkapitals - auf den problemlos rentablen und anscheinend unerschöpflichen Markt der Mietkasernen. Darüber hinaus stellte ohnehin die beschränkte Aufnahmefähigkeit des Wohnungsmarktes der Wohlhabenden unüberschreitbare Grenzen dar. Aus diesen Gründen läßt sich eine erste wichtige Feststellung machen: "solide" und "künstlerische" Stadterweiterungsprojekte waren notgedrungen spärlich und kleindimensioniert; ihre Lage und ihre gesamträumliche Gliederung konnten keinem übergeordneten, "rationalen" Planungskonzept für die Stadt entspringen - außer natürlich dem allgemeinen Zwang, daß man bei ihrer

Standortbestimmung gewisse Lagevorteile (landschaftliche Vorzüge bzw. Zentrumsnähe, Entfernung von Produktionsstätten usw.) zu berücksichtigen hatte. In dieser Gestalt waren sie wiederum nicht fähig, der Stadt eine Gesamtordnung zurückzugeben. Sie waren und blieben im besten Fall wertvolle Mosaiksteine im zusammenhanglosen und unverständlichen Ganzen der Neustadt. Auf jeden Fall trugen sie zur Verfestigung der gesamtstädtischen Unordnung bei, die in den benachbarten Gebieten um so verdichteter hervortreten mußte.

Eine aufmerksame historisch-analytische Untersuchung der einzelnen Stadterweiterungsprojekte könnte noch einiges mehr ans Licht bringen, z.B.: das gewisse planerische Chaos hinter dem Schein der Einheitlichkeit und die Zufälligkeit der Formfindung hinter dem Schein der endgültigen "künstlerischen" Form, so daß auch die besten städtebaulichen Anlagen nicht ganz frei von Brüchen und immanenter Unordnung sind, die in anderen Stadtteilen oder im gesamtstädtischen Maßstab nur offener zutage treten. So waren in der Tat Planung und Realisierung langwierige Prozesse, die sich in der Regel über Jahrzehnte hinausstreckten und in deren Verlauf die ursprünglich "geplanten" Elemente (Straßen, Plätze, Bauparzellen, Bauformen) den wechselnden Erfordernissen des Wohnungsmarktes oder Kreditkapitalmarktes immer wieder neu angepaßt werden mußten. Die hinterlassenen Spuren dieses Anpassungsprozesses offenbaren die Uneinheitlichkeit und Widersprüchlichkeit der Anlage, aber sie werden häufig nur bei sehr aufmerksamer Beobachtung sichtbar: hier die Zusammenlegung bzw. die Teilung von ursprünglich gut dimensionierten Baublocks, um dem veränderten Bedarf nach einem bestimmten Typus von Bauparzellen und Bauformen Rechnung zu tragen; dort der Verzicht auf einen ursprünglich vorgesehenen Platz oder auf eine Grünanlage, oder die Verengung von Straßen, um nachträglich Bauland zu gewinnen; weniger sichtbar sind die Brüche im Parzellierungssystem, mit denen man auf die veränderte Nachfrage nach den unterschiedlichen Bautypen reagierte. Die Planung selbst war nur eine unselbständige Variable; ihre Funktion bestand nicht so sehr darin, diesen schwierigen Anpassungsprozeß der Realisierung zu lenken, sondern sie war die passive Reaktion auf den Prozeß; sie stellte nicht die operative Grundlage dar, sondern war lediglich die "Dokumentation" des verselbständigten Realisierungsprozesses, die in unzähligen Planabänderungen oder -varianten alle ökonomisch motivierten morphologischen Wandlungen registrierte.

Was man von dieser Planung kennt und in der städtebaulichen Literatur zitiert, ist in der Regel der ursprüngliche Plan (der nie realisiert wurde) oder die Endfassung (die lediglich das Endergebnis des Realisierungsprozesses registriert). Was dazwischen liegt - Planabänderungen, -varianten, -vorschläge, -berichte, die den langjährigen Planungs- und Entwurfsprozeß genau dokumentieren -, bleibt dagegen in Archiven verschlossen. Und eigentlich wären diese Dokumente die wichtigsten für eine historische Forschung, die das Wesen der Planung verstehen möchte. Solange ein ursprünglicher Plan oder ein Endplan Gegenstand der Forschung sind, und nicht der historische Planungs- und Entwurfsprozeß selbst, können Ursache und Wirkung verwechselt werden und die Planung - der Plan und die Entwurfs-"Idee" - weiterhin als Urheber der Wirklichkeit hingestellt werden. Was die angebliche Stabilität und Kontinuität der "beispielhaften" Anlagen betrifft, so sind das zweideutige Eigenschaften. Es kommt darauf an, was man unter Stabilität und Kontinuität versteht: die Überlieferung von Strukturen, die bislang für den städtischen Wandel uninteressant waren, oder die ratlose Anpassung alter Bauformen an veränderte Nutzungen und Funktionen oder die Beständigkeit von Gesamtstrukturen aus Form, Nutzung und Funktion, die unter veränderten äußeren Bedingungen die Langlebigkeit der sozialen und ökonomischen Verhältnisse und der kulturellen Bedeutungen garantieren. Letzteres scheint nicht der Fall zu sein. Die Geschichte der baulich-räumlichen Strukturen mit hervorragenden baulichen und urbanen Werten ist im Grunde nicht anders verlaufen als die Geschichte anderer minderwertigerer Strukturen. Sie waren entstanden und zeigten Stabilität auf, solange ihre ursprünglichen Funktionen innerhalb des sozialen Kampfes um die Stadt und der Konkurrenz der städtischen Böden galten: dem Bürgertum einen privilegierten Platz in der Stadt und die hohen Erwartungsrenten im ersten Erweiterungsring sicherzustellen. Als diese Funktionen entfielen, z.B. durch erneute Cityerweiterungen oder durch wiederholte Landflucht der wohlhabenden Schichten aus der Stadt, erlagen diese Strukturen in der einen oder anderen Form den allgemeinen Gesetzmäßigkeiten des Wandels: teils wurden sie zerstört, wiederaufgebaut und umgenutzt oder umfunktioniert; teils wurden sie zu Cityrandgebieten, mußten einen Prozeß des Abstiegs wegen sozialer Umschichtung durchmachen und verkamen. Erst kürzlich begannen einige von ihnen "Stabilität" zurückzugewinnen, als die "neuen städtischen Mittelklassen" in die Stadt zurückkehrten, sich der alten Wohnviertel bemächtigten und eine neue Phase der Konkurrenz der Böden und Nutzungen einleiteten (z.B. Wiederaufwertung der Wohnnutzungen in zentraler Lage gegenüber den tertiären Funktionen). Diese zurückgewonnene "Stabilität" bedeutet jedoch keine "historische Kontinuität", sondern ist lediglich eine besondere Erscheinungsform des

Wandels, die neue Brüche in der Geschichte und der Morphologie dieser baulich-räumlichen Strukturen erzeugt, und zwar durch Umnutzung (Rückwandlung in teuere Wohngegend, Verdrängung der mittlerweile historisch gewachsenen Funktionsmischung aus Kleingewerben und Geschäften und deren Ersatz durch gehobene, private Dienstleistungen) und durch entsprechende baulich-räumliche Veränderungen, die keinesfalls an die Ursprünge anknüpfen (Wohnungsteilung, Aufstockung, Bebauung der offenen Innenräume usw.).

Aufgelockerte baulich-räumliche Strukturen sollten seit den 20er Jahren eine neue Epoche des Städtebaus, der Architektur und der Stadt selbst einleiten. Sie ersetzten eine jahrhundertealte urbane Kultur, die im geschlossenen Raum der Straßen und Plätze und im Baublock einen zweckmäßigen Ausdruck gefunden hatte. Angeblich ging es um eine geistig-kulturelle Revolution, bei der alte städtische Werte umgewertet wurden, und um die praktische Umsetzung einer seit Jahrzehnten anhaltenden Großstadtkritik, die von den gedrängten, ungesunden, sozial ungerechten und zudem noch teueren Lebens- und Wohnformen in der traditionellen Großstadt hinaus in einen völlig neuen großstädtischen Raum führen sollte.
Dieser neue Raum wurde mit Vorliebe in der Sprache der Hygienelehre und mit fortschrittlichen Sprachbildern aus den Technikwissenschaften beschrieben: dazu gehörten als wesentliche Elemente Licht, Luft, Natur oder Grün; das angestrebte Stadtwesen sollte wie eine "Maschine" funktionieren, die dafür die Entmischung der Teile (d.h. der sozialen Klassen und Funktionen) und ihre "organische" oder "funktionale" Verbindung miteinander voraussetzte.
Im Grunde war das städtebauliche Konzept nicht originell, denn es knüpfte unmittelbar an die Tatsache der Dezentralisierung an; originell war die Sprache, die die Tatsache der Dezentralisierung und ihre Folgen verklärte: die erzwungene Vertreibung aus der Stadt wurde als eine befreiende Bewegung dargestellt, die "zurück zur Natur" führte; das entstandene Ungleichgewicht von urbanen und suburbanen bzw. überversorgten und unterversorgten Räumen wurde als "funktionale" und "organische" Struktur umschrieben, d.h. als natürlicher Beziehungszusammenhang von sich gegenseitig ergänzenden Teilen wie im Ganzen der Maschine oder irgendeines Naturkörpers; für die aufgegebene Urbanität und Versorgung der Alltagsbedürfnisse (mit städtisch-kulturellen Einrichtungen, Nachbarschaft, vielfältigen öffentlichen und privaten Dienstleistungen oder Nähe des Arbeitsplatzes) bekam man Luft, Licht, Grün und vor allem Ruhe und Familienleben

versprochen. Die größte Leistung des Städtebaus und der Architektur bestand darin, eine bittere Notwendigkeit der Stadtentwicklung in eine bessere Zukunft oder positive Utopie diskursiv zu verwandeln.
Mittlerweile wissen wir, in welchem Ausmaß die Wirklichkeit das ideologische Projekt eingeholt hat. Die entstandenen baulich-räumlichen Strukturen haben zwar die Folgen der Dezentralisierung teilweise rationalisieren können (z.B. die chaotische Entwicklung der Vororte in Satellitenstädten zusammengefaßt) und dabei Monumente der Hochbautechnik und der Verkehrstechnik hervorgebracht. Aber es ist auch klar, daß diese Strukturen neue Wüstenlandschaften sind, die sich gleichermaßen gegen die Urbanität, die Soziabilität und die Natur richten - egal ob es sich um die ursprünglich angestrebten Satellitenstädte und Vorstadtsiedlungen in geschlossener oder offener, hoher oder flacher Bauweise oder um eine der vielen funktionalistischen Varianten, wie etwa Stadtneugründungen, wiederaufgebaute Innenstädte oder zerstreute Eigenheimeinheiten in der Landschaft handelt. Diese Strukturen stellen den Analytiker, der sich mit der Frage der "Stabilität" herumschlägt, vor ein Rätsel: äußerlich erscheinen die meisten von ihnen sehr unstabil, vom schnellen Verschleiß, rastloser Bewohnerrotation, sozialen Spannungen, Vandalismus usw. (im besten Fall von Öde und Langeweile) befallen. Das Urteil steht längst fest: sie seien nicht der Nachahmung wert und im Prinzip auch nicht erhaltungswürdig. Und trotzdem sind sie in sich sehr stabil: unter der Oberfläche eines gewissen Wandels zeigen sie große Beständigkeit und ungebrochene Kontinuität auf und werden - obwohl vom theoretischen Städtebau verlassen - immer wieder reproduziert.
Das Rätsel ist unlösbar, solange man weiter meint, hier hätte man es lediglich mit einem mißratenen Projekt des Städtebaus und der Architektur, mit einer Fehlentwicklung der Disziplin zu tun, die samt ihren Folgen mit denselben Mitteln des Städtebaus oder der Architektur korrigierbar wäre. Das Rätsel löst sich aber von selbst (stellt dann auch eine um so umfassendere und schwierigere Herausforderung für den Städtebau und die Architektur dar), wenn man die Entstehung und Kontinuität dieser Strukturen als notwendiges Ergebnis einer dezentralen Entwicklung der Stadt sieht, die - im sozialen Kampf um die Stadt und der Konkurrenz der Böden und Nutzungen begründet - nicht anders verlaufen kann als durch Vertreibung der ökonomisch und sozial schwachen Nutzungen, Nutzer und Funktionen (z.B. größte Teile des mittleren und unteren Wohnungsteilmarktes) aus der Stadt. Diese Inhalte prägen den dezentralen Strukturen, in denen sie zusammengefaßt werden, ihre soziale und ökonomische Schwäche zwangsläufig auf,

was sich bekanntlich in ihrem baulichen Verschleiß und Zerfall, ihrer Unterversorgung, den sozialen Spannungen usw. manifestiert - Erscheinungen also ökonomischer und sozialer Ohnmacht, die mit städtebaulichen und architektonischen Maßnahmen allein kaum gemildert werden könnten. Solche Strukturen sind notwendig, um Störelemente von der reibungslosen Entwicklung der eigentlichen Stadt (ihres Boden- und Wohnungsmarktes, ihrer wesentlichen Funktionen wie Citybildung usw.) fernzuhalten - diese "Notwendigkeit" ist gleichzeitig ein Grund für ihre Beständigkeit, Kontinuität und allgemeine Akzeptanz.

Der eigentliche und gefährlichste Widerspruch dieser monofunktionalen, suburbanen Räume gehört in einen Bereich, auf den Städtebau und Architektur wenig Einfluß nehmen können: sie sind wie eine eingebaute Zeitbombe in der Gesamtentwicklung der Stadt, die bislang nur in der Form von begrenzten und leicht kontrollierten sozialen Protesten in Erscheinung getreten ist.

Die City ist ein weiteres Beispiel von großräumlicher Struktur, die wegen ihrer hervorragenden ökonomischen Rolle höchste Stabilität und Kontinuität in funktionaler Hinsicht aufweist, in baulicher Hinsicht aber einer extremen Form des Wandels unterworfen ist. Sie ist eine Struktur, deren bauliche Dimension in größter Abhängigkeit von unplanbaren sozialen und ökonomischen Prozessen steht, und so stellt sie den Städtebau und die Architektur vor kaum lösbare Aufgaben.

Die Geschichte der modernen City ist die Geschichte einer doppelten Zerrissenheit dieser Struktur: einerseits die Geschichte ihrer widersprüchlichen Beziehungen zu ihren Randgebieten, die im gleichen Maße, wie die Citybildung fortschreitet, verkommen, d.h. sich mal als "Schandflecken" oder investitionsschwache Strukturen verewigen, mal von der City aufgesogen werden, um an einem benachbarten Ort wieder zu entstehen, mal auf die alten Stellen zurückkehrend; andererseits die Geschichte ihrer eigenen paradoxen Entwicklung selbst, die wie ein unaufhörlicher Prozeß der baulichen Zerstörung und des Wiederaufbaus, der immer schnelleren Ablösung der baulichen Formen und Nutzungen (nicht der Funktionen) durch neue erscheint (von der Verkehrsstraße zur Fußgängerzone, von der Passage zum Einkaufscenter, vom Kaufhaus zur Boutique, vom Boulevard zur Schnellverkehrsstraße und wieder zurück zu den Ursprüngen, oder besser: zu immer neuen Mischungen der verschiedensten Möglichkeiten).

Gerade in der City - entsprechend ihrer höchsten Position in der Konkurrenz der städtischen Böden und Nutzungen - haben immer Städtebau und

Architektur ihre solidesten Bauwerke und am besten durchdachten Anlagen verwirklicht; es wäre jedoch sinnlos, nach "stabilen" Strukturen oder Formen unter ihnen zu suchen; früher oder später sind sie alle dem Zyklus von Zerstörung/Wiederaufbau/Umnutzung zum Opfer gefallen. Diese extreme Instabilität trägt offensichtlich der Tatsache Rechnung, daß hier die baulichen Formen und die partikulären Nutzungen in erster Linie Mittel zur Beschleunigung des Geldflusses und der Warenzirkulation sind - hohe Grundrentenerwartungen oder Spitzenbodenpreise spielen dabei nur eine abgeleitete Rolle.

Es liegt in der Natur der Sache, daß diese tiefere Dimension des Problems jenseits des Wirkungsbereichs von Städtebau und Architektur liegt und daß diesen deshalb die Citybildung entgleiten muß. Den für sie objektiv unkontrollierbaren Prozeß der Citybildung haben dann Städtebau und Architektur durch die ideologische Klammer der "Urbanität" aufzufangen versucht. Als Ideologie reduziert der "Urbanitäts"-Gedanke die City auf ihre soziokulturelle Gestalt, in der ihr ökonomisches Wesen verklärt oder ausgeblendet wird. Diese sozio-kulturelle Gestalt der City wird gewöhnlich nicht analysiert, sondern in der Sprache der Kultursoziologie als die faszinierende Synthese von Soziabilität und Individualität von Begegnung und Anonymität, von Kultur und Konsum beschrieben: intensives soziales Leben in der Masse als tolerantem Milieu für individuelle Freiheit und Selbstdarstellung, Massierung von Reizmitteln zur Steigerung des individuellen Nervenlebens, Beschleunigung der Bewegungen von Sachen oder Menschen als Grundlage für eine Verwandlung des individuellen Sehenvermögens und für eine neue visuelle Ästhetik der Abstraktion, Inszenierung des Konsums in kollektiven, bühnenreifen Räumen für individuelle Selbstbestätigung (Theater, Kinopaläste, Restaurants, Cafes, Kaufhäuser, Boutiquen usw.), die jede Art von Konsum (Kultur, Bildung oder materielle Waren) undifferenziert zur Manifestation des Kulturlebens emporzuheben scheinen.

Auf diese ursprüngliche, großstädtische "Urbanität" bezogen, erhielten die baulich-räumlichen Produkte von Städtebau und Architektur einen Schein von Selbständigkeit und Beständigkeit: die Freilegung von alten Bauwerken zu monumentalen städtischen Räumen, die sich mit kulturbeflissenen Fremdreisenden füllten, monumentale Passagen und Promenaden für die Flaneure, Einkaufspaläste und Boutiquen für den gehobenen Warenkonsum usw. usf. An der Vergänglichkeit dieser Produkte im Kontext einer durch die schnelle Warenzirkulation beherrschten City konnte jedoch nichts geändert werden.

Das wird heute um so deutlicher, als die ursprüngliche, großstädtische "Urbanität" zusehends verarmt; an die Stelle der Flaneure sind, mit einer Plastiktüte ausgerüstet, eilende Feierabends- und Langer-Samstag-Einkäufer getreten, an die Stelle der kulturinteressierten Fremdreisenden Eintagstouristen auf der Suche nach dem typischen Fotomotiv oder der billigen Einkaufsgelegenheit, an die Stelle des Restaurants und des Cafes der Schnellimbiß und die Eisbude, an die Stelle des Theaters und des Kinopalastes die verschachtelten Minikinos; der Konsum wird einseitig zum Massen-Warenkauf, das Angebot schrumpft zusammen (Textilien, Schuhe, Elektrospiele). Das Geschäft beherrscht die City wie schon immer, aber nun auch anders; es ist dort todernst und langweilig geworden: Kultur, Unterhaltung, Kontakte, die zum Verbleiben reizen könnten, treten zurück in den Hintergrund - als kurze Unterbrechungen des zentralen Ereignisses des Warenkaufs. Die Verarmung der "Urbanität" tangiert keinesfalls die ursprüngliche Zentralfunktion der City - die Warenzirkulation -, vielmehr werden andere Funktionen verdrängt und ausgesondert. Die City verarmt als vielschichtige Mischstruktur, als Ort des Verbleibens und der "Steigerung des Nervenlebens" - auch, wenn der Besucherstrom nicht abreißt, sondern eher zugenommen hat - und zerfällt dabei in mehrere funktionale Teile: das abweisende Büroviertel mit abstrakten Türmen und leeren Freiräumen, die zu bestimmten Tagesstunden überfüllten Fußgängerstraßen mit der monotonen Anreihung gleichartiger Geschäfte, wo das "Nervenleben" seinen neuen Höhepunkt beim Vergleich von Warenpreisschildern zu erreichen scheint, das anrüchige Viertel in den Nebenstraßen, das, im gleichen Maße wie die City geistig verödet, heute wieder im Kommen ist.
Unter diesen neuen Voraussetzungen hat der Wandel der baulich-räumlichen Strukturen kürzlich ein schwindelerregendes Tempo erreicht, so daß immer weniger traute Bilder, Fassaden, Geschäfte usw. es schaffen, mehreren "Saisons" standzuhalten. Mit dem nackten ökonomischen Wesen der City und mit der Beschleunigung des Wandels konfrontiert, nunmehr ohne Zuflucht in die ursprüngliche "Urbanität", haben Städtebau und Architektur den Weg der Anpassung an den schnell fließenden Strom von Waren, Zeit und Menschen gesucht: die Planung solider, langlebiger Anlagen und Bauwerke ist undenkbar und ökonomischer Unsinn (ausgenommen u. U. das Büroviertel in den größten Metropolen und spärliche, exotische Projekte unsicherer Zukunft, wie etwa Museumsviertel); der schnelle Wandel ist selbst zum Geschäft geworden und Rentabilität am Bau in der City ist mit Vergänglichkeit gleichzusetzen; so hat sich ein City-Städtebau und eine City-Architektur der Verarmung und der Vergänglichkeit eingebürgert, die

den eigenen provisorischen Charakter zur Schau stellt: leicht montierbare und umrüstbare Fußgängerzonen, deren gestalterische Höhepunkte aus dem Massenangebot der Kaufhäuser und Boutiquen, für die sie geschaffen werden, zu stammen scheinen: Blumenkübel, Internationalstil-Laternen, farbenfrohe Plastikeimer; zufällige Anreihung stilisierter und nutzungsfreier Formen aus dem Abfallrepertoir der "Postmoderne" (Plazas, Arkaden, Säulen usw.) oder aus der Architekturgeschichte der City (Mini-Passagen, "Antik"-anmutende Geschäftsfassaden und -beschriftungen usw. usf.).
Auch bei der Betrachtung der City drängt sich die gleiche Feststellung wie bei der Betrachtung anderer baulich-räumlicher Strukturen der modernen Stadt auf: in der Tat sind der Städtebau und die Architektur fähig gewesen, solide, zweckmäßige und flexible Räume und Bauten zu schaffen, die - abstrakt gesehen - dem Wandel hätten standhalten können; das Problem ist nicht, solche Gestalten zu finden oder in der Geschichte zu entdecken; das Problem ist vielmehr ihre erwiesene Vergänglichkeit: daß gerade sie erlesene Opfer des Wandels waren und sind, daß ihre Imitationen heute - weil sie nur in provisorischer Gestalt möglich sind - wie Karikaturen wirken müssen.

3. BEMERKUNGEN ZUR ANALYSEMETHODE BAULICH-RÄUMLICHER STRUKTUREN, INSBESONDERS ZUR HISTORISCH-MORPHOLOGISCHEN METHODE

Ich komme zur zweiten Teilfrage: welche baulich-räumlichen Strukturen zeigen jene Eigenschaften auf - Flexibilität, Gebrauchswert, Funktionsfähigkeit usw. -, die Grundlagen für eine hypothetische Stabilität und Kontinuität sein könnten? Es kann sich hier natürlich nicht darum handeln, solche Strukturen im einzelnen zu benennen; das kann nur Aufgabe einer systematischen Forschung sein, die bislang nirgendwo geleistet wurde. Was vorliegt, sind vereinzelte Gelegenheitsuntersuchungen, mit sehr disparaten Methoden geführt, die gewöhnlich durch die Suche nach Lösungen für einzelne Probleme der Praxis ausgelöst wurden.
Die erste Frage, die eine systematische Forschung zu lösen hätte, wäre die methodologische. Ich werde mich auf diese Frage beschränken und einige Bemerkungen zu den vorliegenden Erfahrungen mit der historisch-morphologischen Methode und zu ihrem Beitrag zur Entwicklung von Erhaltungs- oder Stabilisierungsstrategien aufstellen.

Erste Bemerkung zum Beitrag der historisch-morphologischen Analysemethode: Ausgehend von einer praktischen Kritik am Historismus und der funktionalistischen "Moderne" hat die Methode zur Erweiterung des historischen Bewußtseins in der Städtebau- und Architekturkultur beigetragen, heute noch vorhandene historisch-gewachsene Strukturen wieder zur Geltung gebracht und wissenschaftliche Grundlagen für die Planungspraxis oder -strategie der Stadterhaltung geliefert.

Man könnte diesen Beitrag an vier Aspekten festmachen:

a) produktive Erfassung der Beziehungen von Geschichte und Gegenwart im Gegensatz zur Unwirksamkeit historistischer Methoden;

b) Aufstellung auf historischen Erfahrungen begründeter, am Gebrauchswert orientierter Prinzipien der Typologielehre im Gegensatz zur teilweise willkürlichen und gebrauchswertfeindlichen Typologielehre des Funktionalismus;

c) Neupräzisierung des Stellenwertes des Städtebaus gegenüber der Gebäudearchitektur und Aufwertung der städtischen Strukturen gegenüber dem architektonischen Objekt;

d) praktische Rettung historisch gewachsener, noch heute gültiger Strukturen im Kampf gegen die Zerstörungstendenzen funktionalistischer Erneuerung.

a) Im Gegensatz zum Historismus vertrat die historisch-morphologische Methode eine gegenwartsorientierte, produktive Geschichtsauffassung, d.h. statt "Rezepte" in der Vergangenheit zu suchen oder inhaltsleere Inszenierung historischer Formen zu organisieren, ging man von vorhandenen - in der Tat vornehmlich vom Zerfall bedrohten - Strukturen aus; man suchte in ihren historischen - ggfs. auch in ihren gegenwärtigen - Nutzungen nach praktischen Argumenten für ihre Weiterverwendung; man untersuchte dafür die historischen Veränderungen in der Nutzung oder der Funktion, die dadurch bedingten Veränderungen in der Form oder der Typologie. Man gewann dadurch eine ziemlich exakte Idee über die Flexibilität der untersuchten Strukturen und über die Gesetzmäßigkeiten der veränderbaren Be-

ziehungen von Inhalt (Nutzung /Funktion) und Form. Diese "Idee" war die Erkenntnisgrundlage, um über die Eignung der Strukturen für die Rettung der bedrohten Nutzungen oder Funktionen bzw. für die Unterbringung neuer Nutzungen oder Funktionen und in jedem Fall über die erforderlichen formal-räumlichen Veränderungen zu entscheiden.
Alles in allem sollte es nicht darauf ankommen - wie die Historisten meinen -, eine mehr oder weniger ferne Vergangenheit heraufzubeschwören, ihren Schein für die Erinnerung zu retten oder nachzuahmen, sondern vielmehr darauf, die substanzielle Präsenz der Vergangenheit in der Gegenwart - in der Form von architektonischen oder städtischen Räumen, aber auch von Nutzungen und evtl. Funktionen - zu stabilisieren, um damit einen Beitrag zur Lösung anstehender Probleme der Stadt zu leisten.

b) Gewiß ist es (noch) nicht gelungen, aus diesem Ansatz eine exakte Methode zur Erfassung (geschweige denn zur Erhaltung) historisch gewachsener oder zum Entwurf neuer Strukturen systematisch zu entwickeln. Das liegt an den vielen Mängeln der bisherigen Praxis und der Theoriebildung, so z.B. an der Beschränktheit der Projekte und an der Halbherzigkeit, mit der sie ausgeführt werden mußten und müssen, oder auch am Zwang, statt systematischer Theorien auf das einzelne Projekt bezogene, legitimatorische Theorien zu produzieren, die dann nicht mehr verallgemeinerbar sein können, sondern vielmehr die Funktion haben, von außen immer wieder bedrohte Einzelprojekte zu verteidigen.
Trotzdem hat sich die historisch-morphologische Methode für die städtebauliche Theoriebildung in mancherlei Hinsicht als produktiv erwiesen. Sie hat der abstrakten Rationalität des Funktionalismus eine historische und soziale Rationalität gegenübergestellt, die auf kollektiven Erfahrungen im Umgang mit den städtischen Strukturen basiert. Damit ist die abstrakte Kategorie des "Zwecks" durch die konkrete Kategorie des "Gebrauchswerts" (d.h. Nutzung, die Nutzer) aus der städtebaulichen Erkenntnismethode verdrängt worden und die städtebauliche Erkenntnis hat an Objektivität gewonnen. In Zusammenhang damit entsteht nun eine neue Typologielehre, die bislang jedoch nur Torso, diffuse städtebauliche Kultur und weniger "systematische Lehre" ist. Man könnte diese neue Typologielehre in einigen wenigen Grundsätzen zusammenfassen:

- **Der Grundsatz der Geschichtlichkeit.** Aus den historisch-morphologischen Untersuchungen ist ein neues Verständnis der vorhandenen historischen Strukturen und ihrer "Geschichtlichkeit" hervorgegangen: sie seien nicht mit einem Schlag entstanden, sondern sie seien vielmehr das Ergebnis langwieriger kollektiver Erfahrungen und Praxen (d.h. "historisch gewachsen"); sie zeigten deshalb historische Kontinuität auf und seien vor allem aktuell, weil sie unersetzbare urbane Werte darstellten. Mit diesem Verständnis hat auch die historische Dimension in den Entwurfsprozeß und in die Typologieforschung Eingang gefunden.

Die überkommenen Strukturen konnten überzeugend den mißratenen Produkten des modernen Funktionalismus - den antiurbanen, "aufgelockerten" Wohnstrukturen im Grünen oder den leblosen, "entmischten" Funktionsstrukturen in den Innenstädten nach Kahlschlagsanierungen - entgegengesetzt werden. Man begann, die individuelle Fantasie und die abgehobene Spekulation über die Beziehungen von Form und Inhalt oder "Zweck" aus dem Entwurfsprozeß und der Typologieforschung zu verdrängen, um sich der historischen Nutzungs- und Funktionsanalyse zuzuwenden. Es gelang somit die Aufwertung traditioneller Strukturmerkmale: die soziale, Nutzungs- und in gewissem Umfang Funktionsmischung - ja, teilweise auch die verrufene "Gemengelage" - und die Verdichtung unter Berücksichtigung moderner hygienischer Standards - z.B. das "gedrängte" Wohnen - wurden wiederentdeckt als unterstützende Strukturmerkmale für die Rückkehr zur sozialen, urbanen Kultur. Auf der Suche nach neuen baulich-räumlichen Typologien wurden jene traditionellen wieder aufgewertet, die entsprechend den historischen Erfahrungen in der Lage waren, eine maßvolle Mischung und Verdichtung zu realisieren: die geschlossenen Plätze oder besser das Plätzesystem, die geschlossenen Straßenräume und der Baublock als Grundmuster des Stadtgrundrisses, die architektonische Vielfältigkeit als "Behälter" für soziale und Nutzungsvielfalt.

- **Der Grundsatz der Nutzungsflexibilität.** Ein weiterer wichtiger Beitrag der historisch-morphologischen Untersuchungen war die Wiederentdeckung der Nutzungs- und Funktionsflexibilität mancher historischer Strukturen - städtebaulicher Anlagen wie auch bestimmter Gebäudetypologien.

In Wirklichkeit gehört die Nutzungsflexibilität gewisser historischer Strukturen zu den ursprünglichen positiven Erfahrungen des modernen Städtebaus, wie man es am Beispiel des Stadtumbaus feststellen könnte: bei der Citybildung im vorigen Jahrhundert erwies sich das überkommene klassische Rechteckraster, auf dem manche alte Städte gebaut worden waren, als

äußerst flexibel und anpassungsfähig an die neuen Anforderungen des Verkehrs, des Geschäftslebens und der Repräsentation zeitgemäßer Urbanität; Altstädte auf einer solchen historischen Grundlage konnten ohne große baulich-räumliche Zerstörungen oder Veränderungen und daher in einem gewissen Sinne "sparsam" modernisiert werden, d.h. den Nutzungswandel in sich aufnehmen und zu vitalen Kernen der Großstadt ausgebaut werden; andere Altstädte auf unflexibler, unregelmäßiger Grundlage mußten zerstört werden oder sie wurden von der städtischen Entwicklung vergessen und verkamen. Auch im architektonischen Bereich war eine ursprüngliche positive Erfahrung die Flexibilität mancher historischer Gebäudetypologien, um die neuen Nutzungen - Geschäfte, Büros u. ä. - ohne große bauliche Veränderungen in sich aufzunehmen; oft waren diese Gebäudetypologien in der Lage, sich zu polyfunktionalen Gebilden zu entwickeln, in denen alte (z.B. Wohnen) und neue Nutzungen zusammen untergebracht waren.
Dennoch waren es nicht diese positiven Erfahrungen einer "sparsamen" Praxis im Umgang mit der Stadt, die sich immer durchsetzten und zu Prinzipien des Umbaus und der Erweiterung der Stadt erhoben wurden. Zunächst abstrakt geführte Debatten - wie etwa jene um "krumme oder gerade Straßen" -, dann vor allem der dogmatische Anspruch der Moderne auf das "Neue" verdrängten schließlich eine historisch-analytische Methode, die vom tatsächlich vorhandenen und von der Objektivität der Erfahrungen auszugehen versuchte.
Die nun wiederentdeckte Nutzungsflexibilität historischer Strukturen hat in den letzten beiden Jahrzehnten nicht nur bedeutsame Folgen für die Praxis gehabt, wenn es darum ging, einzelne Strukturen - Fabriken, Klöster, ganze Wohnviertel usw. -, die obsolet geworden waren, weiter zu verwenden (darauf komme ich später zurück); sondern vor allem ist erneut der Versuch unternommen worden, solche Erfahrungen zum neuen Prinzip zu erheben; damit hat eine Wende in der städtebaulichen und architektonischen Denkweise eingesetzt, deren Folge eine völlig neue Umgangsweise mit dem städtischen Wachstum und Wandel hinsichtlich der Stadterhaltung, aber auch des Stadtneubaus sein könnte. Das funktionalistische Denken hatte einseitige und starre Beziehungen zwischen Form und Nutzung oder Funktion propagiert und durchgesetzt nach dem logisch richtigen, aber in der Wirklichkeit allzu häufig falsch angewandten und als Alibi für Zerstörung und geschichtsfeindliche Erneuerung mißbrauchten Grundsatz: "Die Form folgt dem Zweck". Die praktischen Nachteile dieses Grundsatzes sind mittlerweile offensichtlich geworden: die Produktion von monofunktionalen und deshalb auch unflexiblen Typen (von städtischen Anlagen über

Wohnungen, Fabriken usw. bis zu Gegenständen und Geräten jeder Art), die besonders im Bereich des Städte- und Wohnungsbaus einen verschwenderischen, unökonomischen Umgang mit dem Wachstum darstellt, weil solche unflexiblen Typen schnell obsolet werden und in diesem Fall gänzlich ersetzt werden müssen. Demgegenüber strebt der Gedanke der flexiblen Typen (in diesem Fall besser: Typologien) nach sparsam-ökonomischen Umgang mit der Stadt; er schließt nicht nur die Wiederverwendung des Vorhandenen mit ein, sondern vor allem die Produktion von neuen städtischen Strukturen, die Hand in Hand mit dem Wandel sich selbst regenerieren könnten. Die Kategorien Wachstum, Modernisierung, Neubau u. ä., die bislang synonym für Zerstörung und Geschichtsfeindlichkeit waren, könnten in diesem neuen Zusammenhang völlig neue, "sanftere" Bedeutungen bekommen.

c) Diese Typologielehre, die aus den historischen Erfahrungen mit den baulich-räumlichen Strukturen schöpft und sich an deren Gebrauchswert orientiert, entsteht im engsten Zusammenhang mit der Wiederentdeckung des "städtischen Raums" als unverzichtbarem Milieu für urbanes und soziales Leben und Grundlage für die Gebäudearchitektur.
Der "städtische Raum" ist in seiner ursprünglichen Funktion und Gestalt mindestens seit den 20er Jahren dem städtebaulichen Denken immer mehr abhanden gekommen - seitdem in der modernen funktionalistischen Planung der Raum aufgelöst, durch das architektonische Objekt völlig ersetzt und schließlich auf einen Träger von unpersönlichen Kommunikationsstrukturen reduziert wurde. Das wurde mit den Forderungen nach Licht, Luft und Weiträumigkeit begründet. Aber der geschaffene Ersatz für den traditionellen städtischen Raum - die abstrakt geformte grüne Wiese vor den neuen suburbanen Wohnanlagen oder die willkürlichen und leblosen Betonlandschaften in den wiederaufgebauten Innenstädten - ist jenen Forderungen nicht gerecht gewesen, hat vor allem eines hervorgebracht: die Umkehrung der traditionellen Beziehungen von Städtebau und Architektur und den Sieg des architektonischen Objektes (des Gebäudes oder der Gebäudegruppe) über seine primäre Umgebung, die städtebauliche Anlage, die in ihrer Strukturlosigkeit zur beliebig besetzbaren Grundlage für die Gebäudearchitektur geworden ist.

d) Mit der Wiederentdeckung des "städtischen Raumes" als eines historischen Raums voller Bedeutungen und Möglichkeiten für die Entfaltung sozialen und urbanen Lebens kehrt nun auch der Gedanke des Primats des

Raums über das architektonische Objekt, des städtebaulichen über den architektonischen Entwurf zurück. Die praktischen Vorteile dieser Auffassung liegen auf der Hand: wenn es heute darum geht, den baulichen, sozialen und ökonomischen Zerfall der Städte durch Förderung und Sicherstellung des sozialen Lebens in den öffentlichen städtischen Räumen und durch eine ausreichende soziale, Nutzungs- und Funktionsmischung aufzuhalten, so liegen primäre Bedingungen dafür in einer differenzierten, entsprechend strukturierten und gestalteten Stadtanlage; wenn es heute auch darum geht, das Problem der Unbewohnbarkeit der jüngsten, suburbanen Wohnanlagen zu lösen, so wäre es falsch, die Kritik und die Verbesserungsbestrebungen allein auf die Architektur und den inneren Wohnbereich zu richten und dabei wieder die Aufgabe zu unterlassen, aus dem ursprünglich vernachlässigten Umfeld einen "bewohnbaren", d.h. sozial und urban nutzbaren Raum zu machen. In beiden Fällen kommt nun dem Städtebau eine Schlüsselrolle zu.

Zweite Bemerkung zur Doppelbödigkeit des praktischen Beitrages der historisch-morphologischen Methode: Die Methode hat die Praxis der Stadterhaltung vorangetrieben und damit Wesentliches zur Rettung historisch gewachsener Strukturen und zur Revitalisierung der Stadt geleistet. Gegen diese Praxis wäre jedoch zweierlei anzumerken: sie ist selektiv vorgegangen und der angestrebte "sanfte" oder "behutsame" Weg des Wandels hat in vielen Fällen ähnliche negative Auswirkungen auf das soziale, ökonomische und morphologische Stadtgefüge gehabt wie jene, die aus der physischen Zerstörung entstehen.

Die anschaulichsten, positiven Ergebnisse der historisch-morphologischen Methode und Untersuchungen liegen zweifellos im praktischen Bereich der Stadterhaltung: Erhaltung und Erneuerung ganzer baulich-räumlicher "Ensembles" speziell in den historischen Stadtkernen, die sich selbst überlassen der Verslumung und der Zerstörung zum Opfer gefallen wären; Umnutzung und Reintegration von historischen Gebäudekomplexen (Fabriken, Klöster, Paläste u. ä.) in die Stadt, die nach Verlust ihrer ursprünglichen Funktionen nichts als störende Ruinen - gelegentlich mit nostalgischen Bedeutungen gefüllt - darstellten; Erhaltung hochwertiger Haus- oder Wohnungstypologien in ausgewählten Teilen der Stadt und deren Anpassung an moderne Wohnstandards; Ausdehnung der Erhaltungspraxis auf die "min-

derwertige" Architektur und auf traditionell geächtete Strukturen (Arbeitersiedlungen, periphere Wohnquartiere jüngeren Datums bis zu den "wilden Siedlungen", innerstädtische "Armenviertel" usw.).
Dabei ist allerdings die Rettung historischer Bausubstanz weniger wichtig gewesen als die Rückgewinnung ideeller städtischer Werte sowie einer traditionellen Stadtform und eines städtischen Daseins, die im Begriff waren, unwiderruflich verloren zu gehen: die Erneuerung historischer "Ensembles" im alten Stadtkern hat zur Revitalisierung vom Zerfall bedrohter Strukturen beigetragen und damit eine - auch in ökonomischer Hinsicht - gültige Alternative zur geläufigen Citybildung gezeigt; die Umnutzung historischer Gebäudekomplexe für soziale, politische und kulturelle Zwecke oder auch für öffentliche Dienstleistungen hat - mindestens im Ansatz - kollektive Nutzungen und Aktivitäten für die Stadt zurückgewonnen, die im Zuge der zunehmenden Privatisierung bzw. Bürokratisierung des kulturellen, sozialen und politischen sowie des schwindenden Quartierslebens vertrieben worden waren und keinen Platz mehr in der Stadt gefunden hatten; die Wiederaufwertung alter Haus- und Wohnungstypologien hat das städtische Wohnen wieder attraktiv gemacht und die Umkehrung der Stadtflucht, an der die Städte zu verkommen drohten, unterstützt; schließlich hat das praktische Interesse für die "minderwertige" Architektur und die traditionell geächteten Strukturen - gegen alle alten und neuen Bestrebungen um die Verbürgerlichung der Stadt - die Form der sozial gemischten Stadt wieder zur Geltung gebracht, die Frage des Rechts aller auf die Stadt reaktualisiert und - was noch wichtiger ist - die Identifikation und Widerstandsfähigkeit ihrer politisch wie ökonomisch "minderbemittelten" Bewohner verstärkt.
Aus der Stadterhaltungspraxis - mindestens dort, wo sie einigermaßen konsequent betrieben wird - geht nicht nur eine neu aufgeputzte historische Kulisse hervor, sondern auch vor allem das Projekt einer vielfältigen Stadt und eines vielfältigen Gemeindewesens, das gewiß viele anstehende Probleme nicht lösen kann, aber das viel bessere Chancen für kollektives - soziales, politisches und kulturelles - Leben und für eine freiere Austragung der Konflikte enthält.
Dennoch sind die Gefahren, die der Stadterhaltungspraxis auflauern, und die Widersprüche, in die sie sich hat verwickeln lassen, zahlreich und offensichtlich, so daß das sich vielfach andeutende, positive Stadtbild auf's Neue grundsätzlich in Frage gestellt werden muß.
Viele Mängel der bisherigen Praxis ergeben sich zwangsläufig aus ihrer selektierenden Ausrichtung. Dies ist offensichtlich die Folge von den ökono-

mischen Abhängigkeiten der Stadterhaltung. Stadterhaltung ist nicht nur ein teueres Unternehmen, sondern sie gehört mittlerweile auch zum privaten Interessenzusammenhang der ökonomischen Verwertung der Stadt und des städtischen Bodens. Ursprünglich erschien sie als die gegenläufige Alternative zur gängigen Verwertungsform von Abriß und Wiederaufbau, die die ertragsarmen Nutzungen in der Stadt zu stabilisieren versprach, und so rief sie sofort einen großen Widerstand auf den Plan. Heute ist sie größtenteils von den Wirtschaftskräften, die die Stadt beherrschen, vereinnahmt worden und als konsensfähigerer Weg sehr geschätzt, auf den die gleichen Ziele der ökonomischen Verwertung der Stadt mit geringeren politischen Kosten zu erreichen sind.

Am deutlichsten ist das bei der "Ensemble"-Erhaltung in alten Stadtkernen zu beobachten: von den Zielen der Citybildung beherrscht, erstrebt man durch die Stadterhaltung in der Regel einseitig die Herstellung ertragreicher und repräsentativer Nutzungen (Luxusgeschäfte und -wohnungen, tertiäre Einrichtungen, Museen u. ä.) und die historisch-morphologiosche Methode verkommt in der Rolle des Lieferanten von Gestaltungsideen für die Produktion eines neuen historischen Kitsches. Mangels einer wirklich demokratischen Kultur- und Sozialpolitik in den meisten Städten befindet sich nun die Erhaltung/Umnutzung historischer Gebäudekomplexe konzeptuell und praktisch in einer desolaten Lage: erst nach illegalen Besetzungen gelangen noch die wenigen interessanten Projekte, aber ihr Leben ist in der Regel kurz; sonst sind es die elitäre Kultur, die Verwaltung oder die alte Wohnungsspekulation, die sich solche historischen Räume aneignen. Die Ausdehnung der Erhaltungspraxis auf die "minderwertige" Architektur und die "geächteten" städtischen Räume hat nicht allen Widerstand aufräumen können; dort aber, wo es ausnahmsweise gelingt, den Widerstand gegen die Erhaltung zu brechen, entstehen für jene Räume größere Gefahren wegen der Möglichkeit intensiverer Verwertung oder wegen ihrer Vereinnahmung für "höhere Nutzungen" als wegen der alten Obsoleszenz selbst. Ebenfalls nur in Ausnahmefällen gelingt es, den Neubau durch eine historisch-analytisch fundierte Typologielehre zu beeinflussen und zu verbessern, wobei sicher steht, daß es sich dabei häufig um eine äußerliche "Historisierung" ausgewählter Neubauobjekte oder Anlagen handelt, deren Verwertungschancen dadurch erhöht werden, wohl aber kaum um die Schaffung von Räumen mit höherem urbanen und Gebrauchswert.

In all diesen Mängeln kommt auch ein tief liegender Widerspruch zum Ausdruck. Die historisch-morphologische Analysemethode und die darauf basierende Erhaltungspraxis haben in der Tat eine paradoxe Dialektik von Sta-

bilisierung und Destabilisierung städtischer Strukturen in Gang gesetzt, die nicht mehr aufzuhalten zu sein scheint, weil sie mehr oder weniger stillschweigend allgemeine Anerkennung genießt. Diese Dialektik wird deutlich, wenn man der Analyse und Erhaltung baulich-räumlicher "**Substanz**" **oder Form** die umfassendere Aufgabe der Analyse und Erhaltung bzw. Erneuerung baulich-räumlicher **Strukturen** (d.h. Einheiten von Form-Nutzung/Nutzer-Funktion) entgegensetzt: die baulich-räumliche "Substanz" ist zum bevorzugten Analysegegenstand geworden, weil sie anscheinend eine leicht steuerbare Größe darstellt: das Ziel ihrer Stabilisierung und Kontinuitätssicherung scheint meistens leicht erreichbar zu sein; die historische Nutzungs- und Funktionsbestimmung dagegen wird bei der Analyse vernachlässigt; die planerische Zielsetzung der Nutzungsbestimmung kann unter diesen Umständen keine analytische Schlußfolgerung mehr sein: sie wird dem Konkurrenzkampf um die Stadt überlassen. "Umnutzung" wird dabei zu einem ambiguen Begriff: ihre wechselnden Inhalte werden in politischen und sozialen oder ökonomischen Auseinandersetzungen bestimmt und sind meistens der baulich-räumlichen Form äußerlich. Unter den Bedingungen einer außerwissenschaftlichen Fremdbestimmung von Nutzung und Funktion - die an sich wahrscheinlich unvermeidlich ist - und der heute gegebenen Kräfteverhältnisse in der Stadt bedeuten in der Regel Erhaltung und Stabilisierung der baulich-räumlichen "Substanz" gleichzeitig Destabilisierung und sogar Auflösung der ursprünglichen strukturellen Einheiten von Form-Nutzung-Funktion, bleiben bestimmte Formen der "Wiedernutzung" ausgeschlossen. Im Wohnbereich haben z.B. die Erhaltung und Stabilisierung der Bausubstanz auf dem Weg ihrer ökonomischen Aufwertung bewirkt, daß bedrohte und instabile Strukturen (z.B. mehr oder weniger verslumte, City-nahe Wohngegenden) weiter destabilisiert wurden: es hat nicht eine Nutzungsbefestigung ("Wiedernutzung") stattgefunden, sondern vielmehr eine Art von "Umnutzung" (Anhebung des Stellenwertes im Wohnungsmarkt, Umschichtung der Nutzer), die einer Zerstörung oder Auflösung der historischen Struktur gleichkommt.
Im städtebaulichen Bereich sind in ähnlicher Form die Erhaltung und Stabilisierung öffentlicher Räume (Straßen, Plätze usw.) über ökonomische Aufwertungsmechanismen gelaufen (Überführung der Gegend in eine bessere "Lage"-Klasse, Bodenrentensteigerungen usw.), die auf andere vorhandene Strukturelemente (Wohnen, Kleingewerbe, alte Geschäfte usw.) negativ zurückwirken, so daß - wenn nicht immer die Funktion - doch die historischen Nutzungen/Nutzer ausgetauscht werden.

Auch in anderen Bereichen, in denen ursprünglich bessere Erfolge verzeichnet werden konnten, sind diese Erfolge mit zeitlichem Verzug von den geläufigen Entwicklungsgesetzen der Stadt eingeholt worden: so z.B. bei der erkämpften Gesamterhaltung von Arbeiter- oder Werkssiedlungen, wenn etwa Miet- in Eigentumsverhältnisse umgewandelt wurden. Welch verhängnisvolle Rolle die historisch-morphologischen Untersuchungen - gegen die eigenen Absichten - bei der Erhaltung/Zerstörung, Stabilisierung/Destabilisierung städtischer Strukturen spielen können, zeigt sich besonders beispielhaft bis zur Selbstkarrikatur bei der gerade sich in Mode befindlichen, historischen Werkssiedlungsforschung.

Zusammenfassend kann man folgendes sagen: die historisch-morphologische Methode enthielt ursprünglich im Keim ein umfassendes Projekt zur Umkehrung der zerstörerischen Gesetze städtischen Wandels und zur Revitalisierung eines vielfältigen Stadtgebildes in formaler, funktionaler und sozialer Hinsicht; dieses Projekt konnte nur räumlich und zeitlich begrenzt an isolierten Beispielen demonstriert werden; in der Regel hat die darauf basierende Praxis der Stadterhaltung nur die **Form** des Wandels, nicht aber seinen **Inhalt** verändern können: an die Stelle der alten Form der physischen Zerstörung und des Wiederaufbaus ist die "sanfte" Form der Umnutzung getreten; die Folgen für die Stadt sind jedoch ähnlich geblieben: Auflösung einzelner, historisch gewachsener Gesamtstrukturen, die ohnehin instabil und unrentabel waren, aber widerstandsfähige Nutzungsnischen in der Stadt darstellten; Überführung der baulich-räumlichen "Substanz" dieser Strukturen in stabilere Strukturkonstellationen durch eine Nutzungs- oder Funktionszuweisung, die auf entsprechender ökonomischer Aufwertung basierte; schließlich Verschärfung der sozialen, funktionalen und ökonomischen Brüche und Ungleichgewichte in der Gesamtstadt durch die anhaltende Umschichtung von Nutzungen, Funktionen und Menschen speziell in den zentralen städtischen Zonen.

4. BEMERKUNGEN ZUR SICHERUNG VON STABILITÄT UND KONTINUITÄT IM WANDEL

Man verfügt also im Prinzip über geeignete Analysemethoden, die - trotz aller noch vorhandener Mängel - wohl in der Lage wären, baulich-räumliche Strukturen mit wünschenswerten Qualitäten - Funktionsfähigkeit, Flexibilität, Gebrauchswert - ausfindig zu machen, die analytischen Ergebnisse zu systematisieren und damit Erkenntnisgrundlagen für ihre Erhaltung bzw. Reproduktion bereitzustellen.

Was diese Methoden jedoch nicht bereitstellen können, sind die notwendigen Instrumente und die zugehörige Macht, um solche wünschenswerten Strukturen aus dem Sog des städtischen Wandels als Zerstörung/Wiederaufbau bzw. als unkontrollierter Umnutzung herauszuziehen und um die bisherigen Entwicklungsgesetze der Stadt umzukehren.

Die baulich-räumlichen Strukturen - das war die Hauptthese dieses Papiers - sind offene Systeme und deren Entwicklung ist abhängig vom sozialen Kampf um die Stadt, der u. a. durch die ökonomische Konkurrenz der Böden und der Nutzungen vermittelt und entschieden wird. Der Planer oder Architekt kann mit den Mitteln der Disziplin die Regeln dieses Kampfes erkennen, aber nicht verändern. Hier liegt seine strukturelle Ohnmacht gegenüber der Macht der externen Entscheidungszentren über seinen Gegenstand: die Stadt.

Der Planer oder Architekt kann - das haben wir bereits gesehen - sich stillschweigend in den Dienst dieser externen Entscheidungszentren stellen; oder er kann immer wieder versuchen, sie mit ohnmächtigen Beschwörungen und kritischen Theorien auszutreiben; oder er kann die Fehler allein in der eigenen Disziplin suchen. Drei Trugschlüsse, die zu ähnlichen Ergebnissen führen: im ersten Fall wird der Planer oder Architekt sich damit begnügen müssen, die Fehlentwicklung der Stadt höchstens in ihren extremen Auswüchsen zu verhindern; im zweiten Fall wird er hilflos zusehen müssen, wie seine Produkte den besten Absichten entgleiten und häufig in das Gegenteil umschlagen; im dritten Fall wird er sich in das "Schneckenhaus" der Disziplin zurückziehen und an einer immer wiederkehrenden, immanenten Reform der Disziplin ewig basteln müssen. Das Tor aus dieser Sackgasse könnte eine Neugestaltung der Beziehungen der Stadtplanung und Architektur zum Sozialen und dem Politischen sein, um in diesen Beziehungen die geeigneten Instrumente für eine wirksame Intervention in dem sozialen Kampf um die Stadt zu finden. Das wäre nicht **die** Lösung, aber es könnte ein Weg zur Lösung sein, von dem man - das ist seine Schwäche - nur den Anfang kennt, aber der - das ist seine Stärke - an alte und neuere Erfahrungen anknüpft. Zu diesem Zusammenhang seien hier einige Bemerkungen zur Diskussion gestellt:

4.1 Die Neugestaltung der Beziehungen von Stadtplanung und Architektur zum Sozialen soll bedeuten, die Analysen- und Theoriebildungsmethoden der Disziplin an den sozialen und politischen Widerstand gegen die seit immer herrschende Zerstörung/Umnutzung der Stadt enger anzuknüpfen.

Dies verlangt zweierlei:
* Wissenschaftliche Methoden sind nicht gleichgültig oder neutral, d.h. für beliebige Zwecke einsetzbar. Wenn es um Methoden zur Analyse baulich-räumlicher Strukturen und zur Bildung von Gestaltungstheorien geht, die zu einem verändernden Reformprojekt beitragen sollen, so müssen zunächst die richtigen Methoden aus dem vielfältigen Angebot der Disziplin herausgewählt werden. "Richtig" heißt hier, daß sie zur Bewußtseinserweiterung und zur Identifikation der Nutzer mit den eigenen Strukturen beitragen und somit ihre Widerstandskraft stärken. Derart "richtige" Methoden können (oder müssen) jene sein, die von der historischen und der sozialen Objektivität ausgehen, das heißt, daß sie einerseits die gewachsenen Strukturen als Ergebnisse kollektiver Erfahrungen und Handlungen analysieren und bewerten können und andererseits auch ihre Ideen aus der Wahrnehmungsfähigkeit, der Erfindungs- und Veränderungskraft sowie dem Lebenskampf (der auch Gestaltungs- und Erhaltungskampf der baulich-räumlichen Umwelt ist) ihrer gegenwärtigen Nutzer schöpfen.

Ausgangspunkt und Gegenstand solcher Methoden wären also die kollektiven - historischen und gegenwärtigen - Erfahrungen und Handlungen, insbesondere, soweit diese sich in der Gestaltung/Erhaltung der baulich-räumlichen Umwelt manifestieren. Offensichtlich stehen diese Methoden im Gegensatz zu jenen anderen - dem elitären Denken von Planern und Architekten genehmeren -, die bei der Analyse oder Erfindung baulich-räumlicher Strukturen auf der individuellen Phantasie bzw. dem abstrakten funktionalistischen Verstand beharren oder servil Lehrmeinungen von "Autoritäten", Moden, gesetzlichen Vorschriften oder ritualisierter Praxis folgen.

* Die Methoden, von denen hier die Rede ist, existieren heute nur in Ansätzen und sind entwicklungsbedürftig. Neuerdings herrscht jedoch die Tendenz, sie - entgegen ursprünglichen Ansichten - einseitig in den Dienst eines besseren Formverständnisses und der Bildung immer präziserer und umfassenderer Formkataloge oder typologischer Lehrsätze zu stellen. Das ist eine fatale Rückwärtsentwicklung, bei der die baulich-räumliche Substanz, aus dem Beziehungszusammenhang gerissen, sich

als Ziel wieder verselbständigt hat und mit den alten oder neuen, aber immer vagen Worten der Disziplin - "Formen", "Formsprache", "Bedeutungen", "Symbolen" usw. - erneut mystifiziert wird. Ein wichtiger Fortschritt wäre es schon, wenn die Kategorie "Struktur" jene zentrale Stellung im planerischen und architektonischen Denkzusammenhang übernähme, die traditionell die Kategorie "Form" innegehabt hat. Eine erste Konsequenz wäre, daß das ewige Hantieren mit dem Schein (Form) aufhören könnte und daß Stadtplanung und Architektur mit ihrem wirklichen Gegenstand - dem unauflösbaren Beziehungszusammenhang von Form-Nutzung/Nutzer/Funktion - unmittelbar konfrontiert wären. Eine weitere Konsequenz wäre die Einsicht in die Notwendigkeit, eine neue Sprache weiter zu entwickeln und zu präzisieren, in der das Wesen jenes Gegenstandes aus Beziehungen analytisch offengelegt und exakt und operativ ausgedrückt werden könnte, das heißt, daß man die Stelle jenes vagen Redens vom Schein und von den subjektiven Empfindungen darüber - von den schwer nachvollziehbaren "Bedeutungen", den eher vernebelten als erklärenden "Formsprachen" usw. - eine Sprache setzt, die auch das exakt beschreibt, was den baulich-räumlichen Gegenstand wirklich ausmacht: seine Brauchbarkeit und Funktionalität, seine Veränderbarkeit und Flexibilität, seine vielen sozialen und ökonomischen Abhängigkeiten, die soziale Praxis und Verhältnisse, die ihn erzeugen und zerstören usw.
Wie die Sprache, so müßte auch das Erkenntnisverfahren aus dem Gegenstand selbst heraus entwickelt werden. Die richtigen Ideen über einen Gegenstand kommen aus dem Gegenstand selbst - nicht aus der individuellen Phantasie, dem abstrakt-logischen Verstand, den erstarrten Lehrmeinungen usw. Stadtplanung und Architektur haben mit einem historischen, dynamischen Gegenstand zu tun, der als starre baulich-räumliche Form in Erscheinung tritt, ihrem Wesen nach aber sedimentierte Praxis - vergangene Erfahrungen und Handlungen - und immer noch dynamische Quellen neuer Praxis - neuer Erfahrungen und Handlungen - ist. In der Regel stehen jedoch der Stadtplanung und Architektur nur die traditionellen, "kontemplativen" Erkenntnisverfahren zur Verfügung, die die Form in ihrer Starrheit erfassen, aber dem historischen, dynamischen Gegenstand völlig unangemessen sind: "Bestands"-Aufnahme, Kartierung oder Katalogisierung und schließlich ideelle Festhaltung der baulich-räumlichen Erscheinungsformen als Dogma (Formlehre) oder starres Bild (Entwurf, Plan), in denen die Dynamik des Gegenstandes und die Praxis, aus denen sie hervorgegangen sind, gerinnt. Andere, "aktive" Erkenntnisverfahren wären notwendig, die den Zugang zur Dynamik und Geschichte des Gegenstandes, zu verändern-

den Praxis (heute vor allem Widerstandspraxis) und auch zu den Agenten dieser Praxis (an erster Stelle den Nutzern) nicht versperren, sondern ihn immer offen halten und die Relativität der gewonnenen Ideen und Bilder zum Erkenntnisprinzip erheben. Ich würde von einem "partizipatorischen" Erkenntnisverfahren sprechen, in Anspielung an die seit Jahren modische, elitäre "Partizipationstheorie" und an die Notwendigkeit einer Umkehrung ihrer Prinzipien: diese "Partizipationstheorie" offerierte gnädig den Praxissubjekten (den sog. "Betroffenen") die Chance, an der wissenschaftlichen, planerischen und politischen Theoriebildung teilzunehmen; im besten Fall wurden diese "Betroffenen" als notwendige, aber subalterne Korrekturinstanzen des "von oben" weiterhin unter Kontrolle gehaltenen Erkenntnis- und Planungsprozesses; diese Theorie scheint heute ausgedient zu haben - seitdem die "Partizipation" als Legitimation von Herrschaft entlarvt worden ist und sich zuletzt als Zusammenkunft von wendigen Architekten und Klein-Bauherren (genossenschaftlich organisiert, versteht es sich!) überlebt hat - , so hat auch die versprochene erkenntnistheoretische Revolution in der Planung nicht stattfinden können. Diese "Partizipationstheorie" nun umzukehren hieße, daß die berufsmäßigen Träger der Theoriebildung an der kollektiven Gestaltungs- (Veränderungs-, Erhaltungs-, Widerstands-) Praxis teilnehmen, dabei den wirklichen Zusammenhang von sozialer Praxis, baulich-räumlichen Erscheinungen, Ideen und Bildern erkennen, ihn formulieren (Theorie) und dokumentieren (Entwurf).
Es ginge dabei zunächst um die "Politisierung" der Analyse- und Theoriebildungsmethoden, indem man sich der sozialen, kollektiven Gestaltungspraxis - dem eigentlichen Objekt und der Quelle der Erkenntnis - zuwendet und jene Methoden mit den Zielen ihrer Entfaltung, Absicherung, Konsensbeschaffung usw. in den Dienst der Praxis stellt. Dann ginge es auch um die wissenschaftliche Bereicherung jener Methoden mit den Ergebnissen anderer Disziplinen - speziell der sozialwissenschaftlichen -, die explizit die sozialen Zusammenhänge und den erkenntnismäßigen Zugang zu ihnen thematisiert.

4. 2 Die Neugestaltung der Beziehungen von Stadtplanung und Architektur zum Politischen setzt voraus, diese beiden Disziplinen als unverzichtbaren Bestandteil der (Kommunal-) Politik zu verstehen.

Es hat bisher wenig geholfen, wenn verändernde Stadtplanung oder Architektur sich einseitig in den Dienst irgendeiner (Kommunal-) Politik stellten, von dieser restlos abhängig wurden und logischerweise den Zwängen der politischen Raison zum Opfer fielen. Dabei wurde der Beitrag von Planung und Architektur darauf beschränkt, instrumentelles oder technisches Wissen (den Plan, das baulich-räumliche Objekt) zur Durchführung oder Durchsetzung von "Politik" zu liefern. Es müßten vielmehr Wechselbeziehungen sein, bei denen auch die Politik verändert und verändernd wird.

Verändernde Planung und Architektur sollen durch die Politik getragen werden - das wäre die eine Seite der Beziehungen. Die andere Seite ist vielfältiger: Planung und Architektur müßten jene Politikbereiche für sich wiederentdecken und beanspruchen, die ihnen eigen sind: Wohnungs-, Boden-, Dienstleistungs-, Verkehrspolitik usw., aus der wissenschaftlichen Analyse heraus die entsprechenden Programme für diese Politikbereiche entwickeln, so die (Kommunal-) Politik (zu) verändern (versuchen).

Es handelt sich hier nicht um die naiv elitäre Forderung "Die Planung an die Macht", sondern um das Dilemma, vor dem eine verändernde Wissenschaft - jene nämlich, die ihre Ideen aus einer sozialen, kollektiven Praxis schöpft - immer steht: Handlanger der Politik zu sein und dabei ihre Ursprünge zu vergessen, oder diesen Ursprüngen treu zu bleiben und zur Vernunft der Politik zu werden (zu versuchen). Deshalb ist das auch nicht **eine** Lösung, sondern nur das Tor aus der gegenwärtigen Sackgasse, das einen Weg öffnet und zeigt, woher die richtigen Kenntnisse kommen sollen, wer die Adressaten sein können.

G. Curdes

VI. ZUM STADTMORPHOLOGISCHEN ANSATZ DER "ITALIENISCHEN SCHULE"

Anmerkung:
Die nachfolgende Zusammenstellung stützt sich im wesentlichen auf die Hefte Arch+ 50 (2) und Arch+ 85 (1). Ich habe aus diesen Veröffentlichungen mir wichtig erscheinende Aspekte herausgezogen, um sie in diesem Zusammenhang als komprimierten Einstieg verfügbar zu machen.

1. ZUR STÄDTISCHEN MORPHOLOGIE

Die städtische Morphologie wird als ein Gewebe (Tissu Urbain) verstanden. Das Gewebe aggregiert sich aus Elementen, die miteinander durch Interdependenzbeziehungen verbunden sind (2/66). Vier Dimensionsgrößen werden vorgeschlagen: Maßstabsebene Gebäude, Quartier, Stadt, Territorium (1/66). Jedes Ensemble auf diesen Ebenen verfügt über eine relative Autonomie (1/66). Die Ebenen sind dialektisch miteinander verbunden. Jedes Teil enthält Elemente unterer Ebenen und ist selbst als Element in einem Organismus höherer Ebene eingefügt. Diese Dialektik von Teil und Ganzem erfordert von jedem bestimmte kombinatorische Möglichkeiten (1/68).

2. ZUM WANDEL

Das Stadtgefüge hat eine große Trägheit. Wandel setzt sich auf den kleinen Maßstabsebenen "leichter durch als bei den großen" (1/72). Wandel vollzieht sich in der Regel kleinräumig, im Rahmen der jeweils gegebenen Spielräume in den Gebäuden, auf dem Grundstück. Sie werden "als Kapillarveränderungen", als punktuelle Eingriffe bezeichnet, die die Flexibilität der bestehenden Strukturen ausnützen (1/72). Dabei geben die vorhandenen "modularen Systeme" den Spielraum vor. Dies sind die Parzellenformen (Größen) und die Hausformen (Größen). Veränderungen können durch Aufstockung, Überbauung unbebauter Parzellenteile oder durch Zusam-

menlegung von Parzellen erfolgen. In allen Fällen "finden die Eingriffe im Rahmen des vorbestimmten modularen Systems statt und üben auf diese Merkmale eine bewahrende Wirkung aus" (1/71). Dieser Wandel geht nicht kontinuierlich, sondern diskontinuierlich an verschiedenen Stellen vor sich. Die Trägheit des Stadtgefüges übt daher einen Anpassungszwang der Veränderungsschritte bei der Aktualisierung der Bausubstanz aus. "Die Veränderung der Gebäude darf einen gewissen Spielraum, den die morphologischen Merkmale des Gefüges definieren, nicht überschreiten" (1/72).
Diesen kleinräumigen Wandlungen stehen in bestimmten Phasen komplementär Wandlungen im größeren Gefüge gegenüber, die nicht durch Einzelentscheider, sondern durch hoheitliche Planungen herbeigeführt werden. Diese Art von Wandlung wirkt in langen Zeiträumen. Beide Prozesse sind nicht als voneinander unabhängig anzusehen. "Im Gegenteil, der Formationsprozeß der Siedlungsstrukturen ist ein Alternierungsvorgang, in dem individuelle Praxis und kollektive Eingriffe Komplementärbezüge eingehen" (1/72)
"Resümee: Zusammenfassend kann gesagt werden, daß die Art, wie sich die Siedlungsstrukturen im Verlaufe der Geschichte verändern, zwischen dem Pol der absoluten Flexibilität und demjenigen des totalen Widerstandes gegen den Wandel zu situieren ist. Es gibt auf der einen Seite Anlagen, die während Jahrhunderten unverändert (und unveränderbar) bleiben, ohne dabei die Erneuerung anderer Elemente auf anderen Maßstabsebenen zu paralysieren, und auf der anderen Seite vollzieht sich ständig ein Gewirr von punktuellen Modifikationen, ohne daß dabei sämtliche Strukturen ständig umgekrempelt würden. Mit dem Begriff des typologischen Prozesses kann gezeigt werden, daß nicht nur die Aggregation der verschiedenen Siedlungskomponenten im Raum aufgrund einer rational analysierbaren Ordnung abläuft, sondern daß sich auch der Strukturwandel in der Zeit und die Integration neuer Elemente in den bereits bestehenden Kontext gemäß einer bestimmten Logik und in einer Kontinuität von Bezügen vollziehen. Der prozeßhafte Charakter der Evolution der Typen ergibt sich aus der Verbindung von drei zwingenden Faktoren:"
Die Tatsache der Verschachtelung der verschiedenen Maßstabsebenen beeinflußt die verschiedenen Merkmale und die Variation der verschiedenen Gegenstände.
Die bei jeder Maßstabsebene unterschiedliche Flexibilität gegenüber dem Wandel widersetzt sich bei der kleinsten Veränderung einer homogenen Angleichung des Systemganzen.
Die Tatsache, daß die Siedlungsstrukturen das Produkt einer Vielzahl han-

delnder Individuen ist, begrenzt die Möglichkeiten, nach denen sich der Wandel vollziehen könnte.

3. TYPUS

Obwohl der morphologische Ansatz von einem mehrstufigen Verständnis des städtischen Gewebes ausgeht, herrscht in den Beiträgen, besonders in den kontroversen Diskussionen, der Typus auf der Ebene des Gebäudes, also auf der kleinsten Ebene vor. Caniggia, als wohl der konsequenteste Nachfolger Muratoris, geht nahezu ausschließlich von Gebäuden aus: "Hauptziel der typologischen Forschung muß es sein, die Bildungselemente des Gebäudes aufzudecken..., sie muß die definitiven von den parasitären Charakteren unterscheiden... Der Begriff des typologischen Prozesses verbindet wechselseitig den Formations- und Transformationsprozeß jeden Gebäudes vom Bau an bis in unsere Zeit. Daraus ergibt sich die Möglichkeit, eine begrenzte Skala von Eingriffen bei der Erhaltung und Umnutzung aufzustellen." (1/44/45)

In 10 Punkten, in denen er die Methode der typologischen Forschung beschreibt, geht er nur einmal (6) kurz auf die größeren Ebenen ein, allerdings nur im Sinne eines additiven Verständnisses. Das Problem der Abweichung von einem vorherrschenden Haustypus, der morphologischen Störung oder gar einer Stadt mit mehreren, evtl. konträren Typen und Anordnungsmustern, wird nicht behandelt.

In der Darstellung des typologischen Ansatzes von Malfroy wird hervorgehoben, daß die typische Form (des Gebäudes) einen Prozeß von Versuchen und Korrekturen abschließt (1/70), daher ein Typ immer erst am Ende einer Entwicklung erkannt werden kann und dies eine provisorische Interpretation sei (1/69).

Die Einengung auf den Gebäudetypus scheint im ursprünglichen Ansatz Muratoris nicht vorhanden gewesen zu sein: So meint Panerai in Arch+ 50, daß die Typologie die Akzente nicht isoliert betrachtet, sondern sie als Ganzes erfaßt (2/10), daß Muratori das städtische Gewebe als Ganzes sieht, in dem die Gebäude nur Elemente sind:

- "die städtische Form zugleich als globale Struktur *und* als Ensemble einer Vielzahl von präzisen, lokalen Gegebenheiten sehen";
- "... die Stadt ausgehend vom Studium ihres Wachstumsprozesses zu erfassen;"

• schließlich die Überwindung der Betrachtungsweise des Gebäudes als Einzelobjekt, die Überwindung einer auch dem Ausfindigmachen von Archetypen gegründeten Auffassung von Typologie zugunsten einer konkreten Analyse des "Tissu".

Dieses Verständnis scheint bei der Untersuchung von Venedig (Muratori 1959) angewandt worden zu sein in der Beziehung von Gebäuden zu den städtischen Räumen, in der Parzellengruppierung und in der Beziehung zwischen bebauten Typen und der städtischen Form (2/13).
Panerai bezieht sich bei seiner Darstellung über den Typus nicht auf Caniggia. Vielleicht weil er die 1979 erschienene erste Auflage von "Composizione Architettonica" noch nicht kannte. Geht man diesen Beitrag Caniggias durch, wird m.e. der oben dargestellte Anspruch Muratoris nicht erfüllt. Caniggia versteht offenbar das urbane Gefüge als Ergebnis der Addition von Typen.

4. ZUM TYPUSBEGRIFF

Der Begriff des Typus spielt in der ganzen Debatte eine große, m.E. überschätzte Rolle. Unterschieden werden zwei generelle Klassen von Typen:
a) Typen als Klassifikationen vorhandener Bauten (lexikalisches Prinzip),
b) Typen als Abstammungslehre oder als Ausdruck einer abgestimmten Lösung von technischen, gebrauchs- und gestaltbezogenen Anforderungen einer Zeit im Rahmen der vorgegebenen Möglichkeiten. (Typ als Produktionsmittel, als kollektive Antwort auf diese Anforderungen) (2/7)
Die Typologie als Klassifikation wird als unhistorisch dargestellt, da sie weder "die Produktion noch den Gebrauch" einbeziehe. Die Typologie als "Abstammungs- und Veränderungslehre" von Gebäuden unterliegt mehreren Problemen: Die Suche nach dem Urtyp, dem Archetyp entwertet den historischen Prozeß, der immer neue Typen hervorgebracht hat. Die Suche nach den Bildungselementen des Gebäudes, nach den Formations- und Transformationsprinzipien des Gebäudes (Caniggia 1/44), nach der versteckten Struktur ist weniger erfolgreich als z.B. die Wiederentdeckung des "genius loci" von Norbert Schulz (1/42). Zwar sei die "Typologie überflüssig, wenn man nicht beabsichtigt, sich ihrer in irgendeiner Weise zu bedienen" (1/15), aber die auf dieser Grundlage entstandenen Entwürfe werden entweder als zu romantizistisch (Kritik des Entwurfes für Mestre von Muratori (1/41), als "undialektisch" (1/41), als "Archäologie der Form", als

"ästhetische Mechanik" (L. Scarpa, (1/48) kritisiert, als "selbstherrlich unter den Zeichen des Typus bauenden Flügels" (Aymonino, Rossi, Portoghesi 1/63) oder aber, bei vorsichtigerem Umgang mit der Historie als "rückwärtiger Bezug auf die bürgerliche Stadt", da sich "nur historische, eigentlich schon tote Lebensverhältnisse als Haustypologien niedergeschlagen haben" (Kritik von Hoffmann-Axthelm (1/63).

Hoffmann-Axthelm räumt aber auch ein, daß das mindeste, was vom Projekt der Typologie übrigbleibt, der Versuch der Übersetzung sei. Typologie werde so zur verdeckten Zukunftssprache: "sich nicht an den Bildern vergangenen Lebens emporzuhangeln, sondern an der Funktionsfähigkeit der alten Stadt grundlegende menschliche Bewegungsformen wiederzulernen: Beziehung von Innen- und Außenraum, von Haus und Stadt, von Wohnen und Arbeit" (1/65).

Offensichtlich wird an dieser Debatte der Konflikt unterschiedlicher Maßstäbe: Die Untersuchung von Neuplanungen unter einem historisch abgeleiteten Typus, wie die didaktischen Übungen am Ende des Buches von Caniggia/Maffei, leiden ganz offensichtlich unter einer ängstlich-schematischen Biederkeit. Begründetes Festhalten an typologischen Grundformen wird leider durch betuliche Architekturformen diskreditiert. Der Ausbruch ins Beliebige, wie bei Rossi/ Aymonino kann aber auch keine Lösung sein.

Wo also liegt der Weg?

Er ist m.E. schon bei Muratori angelegt: **Das Verständnis von städtischer Morphologie als eines Systems teilautonomer Elemente verschiedener Ebenen (Haus, Quartier...) und deren Interdependenzen zeigt die Bedingungszusammenhänge zwischen diesen als die zentrale Frage auf und nicht den einzelnen Haustyp. Die Frage des Wandels ist demnach nicht nur auf der Ebene des Bautypus, sondern auf allen Ebenen und für alle Elemente einer Ebene zu stellen. Damit kommt die Angemessenheit der gegebenen Baustruktur (oder andere Anordnungsformen), der Straßentypen, der Freiräume (und die Position gegenüber den Abweichungen von den vorherrschenden Formen für die Bedürfnisse unserer Zeit) in die Diskussion und nicht nur der Parzellen- und Gebäudetyp. Transformationen lassen sich planerisch auch blockweise durchführen, wenn dafür zwingende Gründe vorliegen. Es geht also im Kern darum, ob die permanente Wandlung städtischer Strukturen überwiegend selbsttätig durch "Kapillarveränderungen" oder durch planerische Vorgaben und Eingriffe vor sich gehen soll. Bejaht man allerdings das kapillare Prinzip, und steht vor großen homogenen Beständen kleinteiliger Besitzstruktur, dann ist die typologische Analyse sehr wohl notwendig und unverzichtbar. Es wäre deshalb bei der Beschäftigung mit den künftigen Entwicklungen der bebauten Stadt zu klären, auf welcher Ebene der morphologischen Betrachtung die zu lösenden Aufgaben liegen und danach ggf. festzulegen, für welche besonders wichtigen Teilbereiche auch typologische Untersuchungen bis herunter zum Haustypus sinnvoll und notwendig sind.

QUELLENVERZEICHNIS DER ABBILDUNGEN

Titel: aus R. Goethert, Kairo - Zur Leistungsfähigkeit inoffizieller Stadtentwicklung, Politik und Planung 17, Köln 1986, S. 228 - 229

zu II: Forschungsprojekt "URBINNO", Institut für Städtebau und Landesplanung, RWTH Aachen, 1986 - 1988
sowie Planungsamt der Stadt Aachen (Kartengrundlagen und Neuordnungsplan 1950)

zu III: Amt für kommunale Entwicklungsplanung der Stadt Duisburg

zu IV: Stadtentwicklungsamt der Stadt Köln

IN DIESER REIHE SIND BISHER FOLGENDE TITEL ERSCHIENEN

Praxisprobleme der Stadtteil- und Standortprogrammplanung

Erfahrungen, Beiträge und Diskussionen zur Anwendung der vorläufigen Richtlinien für die Aufstellung von Standortprogrammen des Landes Nordrhein-Westfalen

Band 1 der Reihe „Politik und Planung", herausgegeben von den Kooperierenden Lehrstühlen für Planung der Rheinisch-Westfälischen Technischen Hochschule Aachen

1973. Format DIN A 5. Kartoniert. 248 Seiten. DM 17,-

Stadtsanierung - Stand und Problematik der Praxis

Referate und Diskussionen über Fallbeispiele in Nordrhein-Westfalen und besonders bekannt gewordene Probleme der Großstadtsanierung in der Bundesrepublik

Band 2 der Reihe „Politik und Planung", herausgegeben von den Kooperierenden Lehrstühlen für Planung der Rheinisch-Westfälischen Technischen Hochschule Aachen

1975. Format DIN A 5. Kartoniert. 348 Seiten. DM 19,-

Stadtsanierung - Praxisprobleme der Denkmalpflege und Sozialplanung

Referate und Diskussionen über Denkmalpflege, vorbereitende Untersuchungen, Sozialplan und Sozialstrukturplanung

Band 3 der Reihe „Politik und Planung", herausgegeben von den Kooperierenden Lehrstühlen für Planung der Rheinisch-Westfälischen Technischen Hochschule Aachen.

1976. Format DIN A 5. Kartoniert. 288 Seiten. DM 19,-

Sozialorientierte Stadterhaltung als politischer Prozeß

Praxisberichte und Analysen zu Reformprojekten in Bologna und ausgewählten deutschen Städten

Band 4 der Reihe „Politik und Planung", herausgegeben von den Kooperierenden Lehrstühlen für Planung der Rheinisch-Westfälischen Technischen Hochschule Aachen

1976. Format DIN A 5. Kartoniert. Ca. 250 Seiten.

Stadtteilentwicklungsplanung

Stadtteilentwicklungs- und Standortprogrammplanung als Instrument der kommunalen Entwicklungssteuerung

Band 5 der Reihe „Politik und Planung", herausgegeben von den Kooperierenden Lehrstühlen für Planung der Rheinisch-Westfälischen Technischen Hochschule Aachen

1976. Format DIN A 5. Kartoniert. 200 Seiten. DM 19,-

Zur Problematik der Entlastung von Ballungsräumen durch Schnellbahnen

Friedrich Busmann

Band 6 der Reihe „Politik und Planung", herausgegeben von den Kooperierenden Lehrstühlen für Planung der Rheinisch-Westfälischen Technischen Hochschule Aachen

1977. Format DIN A 5. Kartoniert. Ca. 300 Seiten. DM 19,-

Einkommensverteilung durch kommunale Infrastrukturpolitik

Peter Helmer

Band 7 der Reihe „Politik und Planung", herausgegeben von den Kooperierenden Lehrstühlen für Planung der Rheinisch-Westfälischen Technischen Hochschule Aachen

1978. Format DIN A 5. Kartoniert. Ca. 250 Seiten. DM 19,-

Entwicklungszentren
Ein Beitrag zur Bestimmung von Entwicklungszentren und deren Regionen zur Fortschreibung des Bundesraumordnungsprogramms

G. Curdes, F. Fester, P. Helmer

Band 8 der Reihe „Politik und Planung", Herausgeber: Lehrstuhl für Planungstheorie, Lehrstuhl für Städtebau und Landesplanung, RWTH Aachen

1980. Format DIN A 5. Kartoniert. Ca. 195 Seiten. DM 19,-

Elendsquartiere und Wachstumspole
Beiträge zur räumlichen Planung in der Dritten Welt

Jürgen Österreich

Band 9 der Reihe „Politik und Planung", Herausgeber: Lehrstuhl für Planungstheorie, Lehrstuhl für Städtebau und Landesplanung, RWTH Aachen

1980. Format DIN A 5. Kartoniert. Ca. 200 Seiten. DM 19,-

Städtebau um die Jahrhundertwende
Materialien zur Entstehung der Disziplin Städtebau

Herausgeber: Gerhard Fehl, Juan rodriguez-Lores

Band 10 der Reihe „Politik und Planung", Herausgeber: Lehrstuhl für Planungstheorie, Lehrstuhl für Städtebau und Landesplanung, RWTH Aachen

1980. Format DIN A 5. Kartoniert. Ca. 250 Seiten. DM 19,-

Teilräumliche Planung
Der Stand der Stadtteilplanung in der Bundesrepublik

Band 11 der Reihe „Politik und Planung", Herausgeber: Lehrstuhl für Planungstheorie, Lehrstuhl für Städtebau und Landesplanung, RWTH Aachen

1980. Format DIN A 5. Kartoniert. Ca. 230 Seiten. DM 19,-

Probleme amerikanischer Neustädte

Hans Hermann Heydorn

Band 12 der Reihe „Politik und Planung", Herausgeber: Lehrstuhl für Planungstheorie, Lehrstuhl für Städtebau und Landesplanung, RWTH Aachen

1980. Format DIN A 5. Kartoniert. Ca. 230 Seiten. DM 19,-

Teilräumliche Planung II.
Der Stand der Stadtteilplanung in der Bundesrepublik

G. Curdes, G. Piegsa, M. Schmitz

Band 13 der Reihe „Politik und Planung", Herausgeber: Lehrstuhl für Planungstheorie, Lehrstuhl für Städtebau und Landesplanung, RWTH Aachen

1980. Format DIN A 5. Kartoniert. Ca. 220 Seiten, DM 25,-

Bürgerbeteiligung, Stadtraum, Umwelt
Inhaltliche und methodische Schwachstellen der teilräumlichen Planung

G. Curdes.
Mitarbeiter: W. Lewitzki, M. Kraphols-Reiners, A. Springsfeld

Band 14 der Reihe „Politik und Planung", Herausgeber: Lehrstuhl für Planungstheorie, Lehrstuhl für Städtebau und Landesplanung, RWTH Aachen

1985. Format DIN A 5. Kartoniert. Ca. 230 Seiten, DM 25,-

Probleme der Raum- und Regionalplanung in Polen und in der Bundesrepublik Deutschland

Herausgeber: G. Curdes, J. Langkau

Band 15 der Reihe „Politik und Planung". Herausgeber: Lehrstuhl für Planungstheorie, Lehrstuhl für Städtebau und Landesplanung, RWTH Aachen

1981. Format DIN A 5. Kartoniert. Ca. 330 Seiten, DM 30,-

Die Stadtentwicklung von Buenos Aires 1945-1955
– Boden – und Wohnungspolitik im Peronismus

Juan D. Lombardo

Band 16 der Reihe „Politik und Planung". Herausgeber: Lehrstuhl für Planungstheorie, Lehrstuhl für Städtebau und Landesplanung, RWTH Aachen

1985. Format DIN-A5. Kartoniert. Ca. 175 Seiten. DM 25,-

Kairo – Zur Leistungsfähigkeit inoffizieller Stadtrandentwicklung

R. Goethert

Band 17 der Reihe „Politik und Planung". Herausgeber: Lehrstuhl für Planungstheorie, Lehrstuhl für Städtebau und Landesplanung, RWTH Aachen

1986. Format 21 × 21 cm. Kartoniert. Ca. 325 Seiten. DM 25,-

Zeit, Raum und Architektur
Zur Geschichte der Räume

Walter Prigge

Band 18 der Reihe „Politik und Planung". Herausgeber: Lehrstuhl für Planungstheorie, RWTH Aachen

1986. Format DIN A 5. Kartoniert. Ca. 193 Seiten. DM 25,-

Räumliche Politik in Polen

Juliusz Gorynski

Band 19 der Reihe „Politik und Planung". Herausgeber: G. Curdes, Lehrstuhl für Städtebau und Landesplanung, RWTH Aachen

1988. Format DIN A 5. Kartoniert. Ca. 300 Seiten. DM 35,-

Stadtraum. Prinzipien städtebaulicher Raumbildung.
Eine Untersuchung über die im Zeitraum von 1880–1930 angewandten Entwurfsprinzipien

Zrinka Rudež

Band 20 der Reihe „Politik und Planung". Herausgeber: Lehrstuhl für Städtebau und Landesplanung, RWTH Aachen

1988. Format DIN A 5. Kartoniert. Ca. 400 Seiten. DM 48,-

Stadterneuerung in Bologna 1956-1987
Zum Aufstieg und Niedergang der Quartiersdemokratie

Lothar Jax

Band 21 der Reihe „Politik und Planung" Herausgeber: Lehrstuhl für Planungstheorie, Lehrstuhl für Städtebau und Landesplanung, RWTH Aachen

1989. Format 21 x 21 cm. Kartoniert. Ca. 275 Seiten. DM 39,-

Stadtstruktur: Stabilität und Wandel; Beiträge zur stadtmorphologischen Diskussion.

G. Curdes, A. Haase, J. Rodriguez-Lores.

Band 22 der Reihe „Politik und Planung". Herausgeber: Lehrstuhl für Planungstheorie, Lehrstuhl für Städtebau und Landesplanung, RWTH Aachen;

1989. Format DIN A5. Kartoniert. Ca. 150 Seiten. DM 39,-